동산의 불교계 정화운동 연구

프라즈냐 총서
23

동산의 불교계
정화운동 연구

| 한국불교 정통성 회복을 중심으로 |

진관眞寬 著

운주사

대한불교조계종사 법맥 전승의 등불

1890년 충북 단양에서 탄생하신 동산 대종사께서는 어릴 때 한학공부를 하고, 선각자 주시경 담임선생 아래에서 신학문을 배우셨다. 서울에 올라와 의학전문학교에서 의학을 공부하던 중, 고모부 위창 오세창 선생의 소개로 민족 지도자 백용성 선사를 만나 금정산 범어사로 출가하였다.

방한암 선사로부터 교학을 배운 후 간화선 수행에 정진하시다가, 38세에 범어사 금어선원 동쪽 대나무 숲에서 댓잎 소리에 활연히 마음이 열렸다. 해방 후 불교계에 새로운 종단을 구성하고자 했던 정화운동이 발생하자, 정화운동을 주도하여 오늘날 한국불교의 기반을 구축하였다.

또한 종정에 추대되신 동산 대종사께서는 고려시대 선종의 정통인 조계종의 법맥을 계승하여, 오늘날 대한불교조계종의 역사적 연원을 확립하였다. 동산 대종사는 불교정화 완성의 초석을 다지기 위해, 한국불교의 정통 수행법으로 간화선을 선양하였다. 오늘날 대한불교조계종이 간화선을 공식 수행법으로 채택하고 널리 홍포하고 있는 것은 동산 대종사의 공헌이라고 할 것이다.

중앙승가대학에서 「동산의 불교계정화운동 연구 – 한국불교 정통성 회복을 중심으로」라는 논문으로 박사학위를 받은 진관 스님은 국내에서 '동산 스님의 불교정화운동'을 학문적으로 연구한 1호 박사가 되었다. 나아가 이를 단행본으로 발간하여 동산 대종사의 업적을 조명하고 그 가르침을 선양한다고 하니, 우리 금정총림 대중들은 다함께 기뻐하고 있다.

오는 음력 3월 23일은 대한불교조계종의 정통성을 전승한 동산 대종사님의 열반 49주기를 맞이하는 날이다. 우리는 동산 대종사님의 크신 공덕과 은덕을 기리며, 대한불교조계종의 정통성을 지켰던 역사를 깊이 성찰하는 계기로 삼아야 할 것이다.

동산 대종사를 스승으로 모신 무진장 대종사의 후학인 진관 스님께서 이 책의 출판을 통해 선찰대본산 금정총림의 위상을 높인 점에 경의를 표하며, 용성·동산문도에서 더 많은 학자들이 배출되기를 기원한다.

삼가 동산 대종사 열반 49주기에 향불을 올리며, 추천사에 갈음한다.

2014년 3월 23일(음)

금정총림 범어사 주지 수불 합장

불교정화운동의 정통성을 실천하자

한국불교 통합종단 이전의 조계종 종정인 동산의 불교계 정화운동 연구를 통해 한국 불교정화운동을 살펴보고, 바람직한 내일의 지표를 마련하는 데 일조하고자 하는 것이 본서를 발간하는 취지이다. 한국 불교정화운동 문제점은 불교 내적 논쟁을 평화적·자주적 토론으로 해결하지 못하고 국가권력에 의지하여 타력으로 해결하려고 한 점에 있다고 하겠다. 이에 대한 반성으로, 불교정화운동에 관한 논쟁들을 철학적·사회적 관점을 가지고 학문적인 접근과 해석을 시도해 보았다. 특히 불교 논쟁의 중심에 있었던 인물들에 대한 고찰이 중요하다는 생각에서 불교정화운동에 앞장섰던 핵심 인물들을 집중적으로 조명해 보고자 했다.

역사는 과거를 되돌아보는 거울이자 미래의 나아갈 길을 비추어 주는 등대이다. 한국 근현대 불교의 올곧은 역사관을 정립하기 위해서는 무엇보다 먼저 불교정화운동의 정통성에 대한 올바른 인식이 필요하다. 그러나 아직도 한국 불교계에는 불교정화운동을 제대로 연구하는 기관이 없으며, 동국대학교 중앙승가대학에서 불교정화운동을 가르치고 연구하는 승려들도 극소수에 불과하다. 대한불교조계종의 경우에도 조계종사 연구가 중심 교육 과목이 되어야 함에도 불구하고, 이를 전공하는 학자들이 몇 명 되지 않는다. 이는 한국 불교계가 범 교단적으로 시급히 해결해야 할 과제이다.

한국 근현대 불교사에서 큰 의미와 가치를 지니고 한국 불교의 위상을 드높여 준 것이 불교정화운동이다. 불교정화운동에 참여하였던 이들은 불교 종파에 대한 남다른 애정을 가졌고, 대중들과 함께하는 대승불교의 정신을 실천하고자 노력하였다. 불교정화운동을 추동하여 참여하였던 소수의 선승들과 선학원 선승들에 대한 역사적 고찰은 오늘의 대한불교조계종의 역사를 되새겨보는 작업이기도 하다. 다시 말해 오늘의 한국 근현대 불교사를 탐구하는 데 있어 가장 중요한 연구 과제가 되는 것이 불교정화운동이라고 생각한다.

불교정화운동이 한국 불교의 발전을 막았다는 한편의 주장도 있지만, 대한불교조계종이 불교정화운동을 중심으로 발전해 왔다는 것은 엄연한 사실이다. 이제 불교정화운동의 역사를 다시 고찰해 보면서 다음과 같은 점들을 전제하였다.

첫째, 대한불교조계종은 한국 불교의 역사성과 정통성을 회복하고 계승한 유일한 종단이라는 사실이다. 이러한 대한불교조계종의 성립에 회의적이고 비판적인 태도를 보이는 이들은 한국 불교사에 대한 이해가 결여되어 있다. 한국 불교의 자랑스러운 전통을 계승하기 위해 조계종이라는 종명을 지키고자 애썼던 선사들의 신심을 다시금 돌이켜 보아야 할 것이다.

둘째, 불교정화운동을 전개하는 과정에서 이에 참여한 선승들이 감수하였던 희생을 잊지 말아야 한다. 그들은 오로지 한국 불교계의 정화를 위해 모진 탄압과 수난에 서슴없이 몸을 내맡겼다. 그들이 흘린 피의 대가로 오늘의 한국 불교의 정통성이 유지될 수 있었다는 사실 앞에 새삼 숙연해진다.

셋째, 대한불교조계종은 한국 불교의 정통성을 전승한 최대 종단이라는 사실에 자부하고 안주할 뿐 위상에 걸맞은 노력을 게을리 하고 있지는 않은지 늘 반성하여야 한다. 앞으로도 지속되어야 할 불교정화운동에 적극 참여해야 하는 것이 조계종 승려의 책무이다. 이를 위해서는 먼저 불교정화운동에 대한 체계적이고 깊이 있는 연구가 선행되어야 한다.

이 책을 발간하는 데 있어 가장 중요한 기반이 되어 준 것은 중앙승가대학 대학원에서 실천불교학을 전공하고 강의한 경험이었다. 여러 해 동안 한국 불교정화운동에 대한 연구를 하면서 조계종의 종정을 역임한 동산 선사를 만나고 연구하게 된 것은 큰 행운이었다.

그리고 불교정화운동에 대해 여전히 냉담한 한국 불교계의 현실이 무척이나 안타까웠다. 하루 빨리 대한불교조계종이 불교정화운동에 대한 연구소를 설립하여 종단 차원에서 연구가 이루어지기를 간절히 발원한다. 또한 중앙승가대학에서도 불교정화운동이 교과목으로 채택되어 이를 전공하는 후학들이 더 많이 배출되기를 바란다.

불교정화운동이야말로 한국 불교의 정통성을 바로 세우는 소중한 운동이었으나, 그 전개 과정은 순탄하지 못하고 고난으로 점철되었다. 기존의 종단 조계종 8천 명의 승려에 맞서 불교정화운동을 수행하였던 비구 200인 선학원 선승들, 지눌 보조의 선불교계 선맥을 전승하는 데 전력을 다하였던 선승들에게 경의를 표한다.

오랫동안 불교정화운동을 연구하는 일에 매진하고 여러 편의 글들을 발표해 왔으나 많은 이들의 관심을 환기시키는 데는 미흡했다. 연구성과가 제대로 평가를 받지 못한 것은 학문이 비천하고 노력이 부족했던 탓임을 반성하면서 더욱 정진할 것임을 다짐한다. 이번에 발간되는 이 연구서가 한국불교학회를 비롯한 많은 도반들의 주목을 받고, 나아가 불교정화운동의 미래에도 자그마한 도움이 되기를 기원한다.

　이 책의 출판을 계기로 한국 불교의 정통성 회복에 한 생을 바쳤던 동산 대종사의 업적에 대한 성찰이 있으면 한다. 아울러 동산 대종사의 선사상을 계승하기 위해 전념하고 있는 동산 문도 스님들과 금정총림 수불 주지 스님께 감사의 인사를 전한다. 끝으로 근대 대한불교조계종을 반석 위에 세우고 한반도에 전래된 불교 1,900년의 역사를 전승한 대승 동산의 열반(1965. 3. 23) 49주기에 이 책을 바친다.

2014년 4월

무진장 불교문화연구원 연구실에서 진관 합장

제1장 서론

제1절 정화운동의 배경과 성격

이 연구의 목적은 동산의 불교계 정화운동(이하 '정화운동'이라 칭함)[1]을 객관적으로 검토하는 데 있다. 이에 여기에서는 무엇보다도 먼저, 왜 정화운동을 연구 대상으로 설정했는가를 밝힐 수밖에 없고, 나아가 왜 하필 동산(東山, 1890~1965)에 초점을 맞추는가를 해명하지 않을 수 없다.

정화운동은 현대 한국불교사에서 가장 중요한 종교적 사건이자 정치사회적 사건이다. 일제에 의해 단절되었던 한국불교의 역사적 정통성이 정화운동을 통해 비로소 회복되었다는 점도 지극히 중요하지만, 정화운동으로 말미암아 한국불교가 국가기구(당시 이승만 정부)와 밀착

---

[1] 이 개념에 대한 자세한 개념적 논의는 아래 제3절을 참고하기 바란다.

14

관계를 형성하는 역사적 계기가 형성되었다는 점도 결코 간과할 수 없다. 요컨대 정화운동은 해방 이후 현대 한국불교를 정초한 사건으로 서, 그 이후의 긍정적 파생효과뿐만 아니라 부정적 파생효과가 모두 정화운동에 기원을 두고 있다고 해도 과언이 아니다.

이에 아래에서는 정화운동의 긍정적 측면과 부정적 측면을 모두 염두에 둔 정화운동 연구가 왜 필요한지, 그리고 그러한 논의를 위해서 는 무엇을 연구해야 하는지를 좀 더 자세하게 밝히고자 한다.

현대 한국불교가 정화운동이라는 내부적 진통을 경험하지 않을 수 없었던 역사적 기제는 일제시대에 만들어졌다. 조선불교는 36년간의 일본 식민지 상태를 경험하면서 일본불교계의 제도에 순응하였는데, 조선불교계가 대처승이라는 일본불교 승단의 제도를 수용한 것이 그 대표적 예라 할 수 있다. 바로 이러한 대처승 제도화로 말미암아 1945년 8월 15일 해방 이후 한국불교계는 심각한 정체성 갈등을 경험하지 않을 수 없었다. 그리고 1954년 5월 20일 이승만의 정화 유시 발표 이후 일본불교에 대한 비판 없이 그 교단에 협력하였던 대처승들과 그에 반대하는 소수의 선학원 측 선승인 비구승들 사이의 갈등이 불교계 정화라는 종교적·정치적 사건으로 발전하기 시작하였다.

당시 불교계 정화운동은 다양한 측면에서 상반된 평가를 수반하고 있다. 우선 결과론적 관점에서 볼 때, 선학원 측의 선승들은 전통불교인 선불교를 중심에 두고 있어 강력한 정통성을 지니고 있었지만 소수파였 기 때문에, 소수로 거대 종단의 승려들과 맞서는 과정에서 불교 외적 세력이자 정치세력인 이승만 정권의 비호를 받으며 정화운동을 전개하 였다. 그 결과 정화운동은 사상적으로 불교계의 정통성을 회복하기

위한 것이었음에도 불구하고 세속적 정치권력에의 종속성을 수반하는
등 다소의 무리가 수반되지 않을 수 없었다. 또한 정당성의 관점에서
볼 때도, 선학원 측에서는 정화운동이야말로 전통 선불교를 계승하고,
나아가 일제에 의해 왜곡된 불교계의 각종 관행들을 바로잡을 수 있는
토대를 세웠다고 말할 수 있지만, 대처승 계보에서는 대처승 제도가
식민지 국가라는 당시의 시대 조건으로는 거역할 수 없었던 사태였거니
와 조선 개화기 이후 불교 교단의 중흥 과정에서 일어났던 현상으로
간주할 수도 있다[2]고 주장한다.

이렇듯 정화운동에 대해서는 비판적 평가와 긍정적 평가가 동시에
수반되기 때문에, 아직까지도 정화운동 연구는 소위 학계의 '뜨거운
감자' 혹은 '논쟁 중인 연구 주제'로 인식되고 있다. 실제로 지금까지
정화운동 연구는 조계종단의 시각을 반영하는 긍정적 측면에서 주로
연구되어 왔고, 그렇기 때문에 최근 태고종에서는 『태고종사太古宗
史』(종단사간행위원회, 2006)를 간행하면서 정화운동을 매우 부정적으
로 평가한 바 있다. 그러나 이러한 연구들은 객관적인 시각이 부족하다
는 비판을 받아 왔다.

그 대표적인 연구 성과가 Chanju Mun(2011), "*Purification Buddhist
Movement, 1954-1970*: The struggle to restore celibacy in the Jogye
Order of Korean Buddhism"이다. 이 저서에서 Chanju Mun(성원)은
『태고종사』가 객관적인 시각을 결하고 있다고 비판하고, 계율상의

---

2 당시 대표적인 불교개혁가로 알려진 만해가 『조선불교유신론』에서 승려의 취처
  허용을 주장하고 있다는 사실로 미루어 볼 때, 불교계 일각에서는 대처제도를
  불교 근대화의 한 방안으로 간주하기도 하였을 것으로 추정된다.

차이가 뚜렷한 통합주의(ecumenism)와 종파주의(sectarianism)라는 이론적 틀에 근거하여 정화운동과 그 결과인 분종(태고종의 분종) 현상을 규명하고 있다.

이 연구는 논리적인 이론 틀에 입각하여 정화운동을 규명하고 있다는 점에서 객관성의 확보라는 방법론적 요구와 일반화라는 이론적 요구를 동시에 충족시켜 주고 있다. 그러나 Chanju Mun(2011)조차도 사회과학적 시각보다는 철학적 시각에서 정화운동에 접근함으로써 정화운동의 두 가지 측면, 즉 종교운동의 측면과 정치사회적 측면 중에서 후자의 측면을 다소 경시하는 한계를 내포하고 있다.

이렇듯 정화운동을 주제로 한 연구논문들이 지속적으로 이어지고 있지만[3] 아직까지도 총체적 관점에서 정화운동을 이해하는 연구는

3 대표적인 연구 결과물들은 다음과 같다.

김광식, 「백용성의 독립운동」, 『대각사상』 창간호, 1998.

_____, 「한국현대불교와 정화운동」, 『대각사상』 제7집, 2002.

_____, 『새불교운동의 전개』(도서출판 도피안사, 2002).

_____, 『동산 대종사와 불교 정화운동』(영광도서, 2009).

금오선수행연구원, 『금오 스님과 불교 정화운동 1, 2』(휴먼앤북스, 2008).

능가, 「한국불교 정화운동의 제문제」, 『범어사와 정화운동』, 불교 교단사연구소, 2008.

마성, 「백용성의 승단 정화 이념과 활동」, 『범어사와 정화운동』, 불교 교단사연구소, 2008.

문찬주(성원), 「정화불교운동(1954-1962): 통합주의와 종파주의의 교차로」, 『대각사상』 제14집, 2010.

백운, 「韓國佛教淨化運動에 있어서 東山스님과 범어사의 役割」, 『대각사상』 제7집, 2002.

인환, 「동산 대종사와 불교 정화운동을 다시보며」, 『범어사와 정화운동』, 불교

제출되지 않고 있다. 지금까지의 연구들은 당시의 정화운동을 단편적인 관점, 즉 사건사적 측면이나 사상사적 측면, 그리고 불교사적 측면에서만 제한적으로 다루었다는 한계를 가지고 있다. 정화운동이 종교운동이기도 하지만 왜색의 청산이라는 측면에서 보면 민족운동은 물론 사회개혁운동이라는 측면도 포함하고 있는데, 기존의 연구만으로는 정화운동이 지닌 이러한 역사적 의미와 그 정치사회적 의미를 정확히 인식하는 데 어려움이 있다. 게다가 일본 식민지 시대의 유산을 극복하고 이를 통해 새로운 국가를 건설하려는 한국 사회(혹은 국가)의 노력과 일본불교의 색채를 털어내고 한국불교의 전통을 복원하려는 불교계의 노력이 맞닿아 있었다는 점을 고려하면, 정화운동은 불교계 내부 운동의 성격과 대사회적 성격을 동시에 가지고 있었음이 분명한데, 기존의 단편적인 관점에서는 이러한 두 가지 성격을 동시에 해명하지 못한다.

실제로 1954년 5월 20일 발표된 이승만 대통령의 "대처승은 사찰을 떠나라"는 내용의 1차 유시(담화)를 시작으로 이승만 정부에 의해 정화 관련 유시가 무려 8차례나 발표된다. 이는 불교계의 수행 공간 확보라는 종단 내적 문제로 시작된 정화운동이 이승만의 개입으로

교단사연구소, 2008.

진관·각의, 『한국불교 정화운동 연구』(경서원, 2008).

진관, 『근대불교 정화운동사 연구』(경서원, 2009).

『태고종사—한국불교 정통종단의 연구』(종단사간행위원회, 2006).

청담기념사업회 편, 『청담대종사와 현대 한국불교의 전개』, 청담문화재단, 2007.

한보광, 「백용성 선사의 불교 정화운동」, 『대각사상』 제7집, 2004.

Chanju Mun, *Purification Buddhist Movement 1954-1970: The struggle to restore celibacy in the Jogye Order of Korean Buddhism*, Blue Pine(Hawaii, 2011).

정치화되었음을 의미한다.

역사의 흐름에서 가정법을 적용하는 것이 다소 무리이긴 하지만, 만약 제왕적인 정치권력을 가진 이승만의 정치적 개입이 없었다면, 비록 선불교 전통을 계승하려는 소수 비구승의 수행처 확보의 요구가 왜색 청산이라는 시대적 요구와 결합했다 하더라도, 그러한 요구는 불교계 내부의 정화라는 종교적 요구나 불교계 내부에서의 집단 갈등을 넘어서서 국가기구가 개입하지 않을 수 없을 정도의(국가적 차원의) 정치 갈등으로 비화되지는 않았을 가능성도 배제할 수 없다.

그럼에도 불구하고 실제 역사에서는 이승만의 정화 유시가 발표되었던 바, 이는 이승만의 정화 유시가 정화운동의 촉발 요인이었을 뿐만 아니라 이후 정화운동의 향방을 가늠하는 결정적인 계기였음을 의미함과 동시에, 정화운동이 본래의 의도와 주체성을 모두 상실하고 세속적인 정치권력에 의해 좌지우지되는 정치운동으로 변질되었음을 암시한다.

게다가 정화운동의 시기는 대한민국의 국가 건설에 있어서 정치적인 토대를 마련하던 기간과 그 시기가 일치한다. 대한민국 정부 수립 후 국가는 헌법을 비롯하여 행정·입법·사법제도를 갖추고 각종 제도를 정비하기 시작하였다. 동시에 정치·경제·문화 등 다양한 영역에서 그 성공 여부와 상관없이 이승만 정부에 의하여 정치적으로 일본 식민지 잔재를 청산하기 위한 시도들이 있었고, 이는 일반 국민들의 지지를 받았다.[4] 그럼에도 불구하고 국가 건설은 근대국가의 정치적·경제적·

---

4 하지만 이승만 정부는 일본 식민지 잔재 청산이라는 구호만을 외쳤을 뿐 진실로 일본의 잔재를 청산하지 못하고 오히려 조선총독부의 통치에 정치적으로 협력한 자들을 용서해 주었다. 이승만 정부는 그들의 참회와 반성 대신 국가 건설에

사회적 인프라를 구축하는 장기적인 과정을 의미한다.

대한민국과 같이 식민통치 이후 독립한 국가의 경우는 독립 이후 경제적·사회적·문화적 목표를 달성하는 데 필요한 효과적인 통치 능력을 증진시킬 수 있도록 제도적 바탕을 마련하는 과정을 뜻한다.[5] 이승만 정권 하에서 대한민국은 외형적으로 국가의 형태를 갖추었지만 국가로서의 기능은 제대로 수행하지 못하고 있었다.[6] 또한 이승만 정부는 정부 수립 이후 국내외의 도전에 대응할 수 있는 능력이 취약하였다. 따라서 이승만 정부는 국민의 동의를 얻기 위해 정권의 도덕적 명분과 정치적 정당성을 새롭게 얻을 수 있는 방법을 모색하였고, 그 과정에서 정화운동에 개입한 것으로 이해할 수 있다.

이렇게 볼 때, 정화운동은 불교계 내부의 수행 공간 확보 및 교단 정화라는 불교 내적 측면과 이승만 정부의 정치적 목적 및 국가 건설(nationbuilding)이라는 불교 외적 측면을 동시에 고려하면서 분석할 필요가 제기된다. 그런데 이러한 두 가지 측면은 정화운동의 흐름 속에서 시간적 격차를 두고 나타났기 때문에, 본 연구에서는 우선 정화운동이 철저하게 불교계 내부의 순수한 종교적 욕구(선불교 수행자의 수행 공간 확보 욕구 및 교단 정화 욕구)에서 시작되었음을 입증한 다음, 그것이 이승만의 개입을 통해 정치화되면서 전개된 과정을 당시의 역사적·사회적 맥락(종교와 국가의 관계 및 종교와 민족주의의 관계라

참여하는 길을 열어 주었다.

5 이런 측면에서 본 연구에서는 한국의 국가 건설 과정을 근대로의 전환기로 이해한다.
6 김충남, 「국가건설의 도전과 응전: 건국과 이승만」, 『민주공화국의 탄생』, 건국 60주년 기념 국제학술회의 자료집, 2008.

는 맥락) 속에서 다시 한 번 확증해 보고자 한다. 한마디로 이 연구의
목적은 불교계 내부의 순수한 종교적 욕구로 시작된 정화운동이 이승만
의 정치적 개입을 통해 왜곡되었음을 실증해 보는 데 있다.

그렇다면 왜 하필 동산東山인가. 종교운동에 있어서 대중들의 행위에
영향을 미치는 엘리트의 역할은 매우 결정적인 의미를 지닌다. 마치
망망대해를 항해하는 선장의 역할처럼 종교운동을 이끌고 가는 엘리트
는 종교운동의 방향을 결정함은 물론 그 성격이나 성패에도 결정적인
영향을 미친다.

특히 선불교를 표방하는 한국불교의 경우, 종정의 역할처럼 카리스
마적 리더십을 지닌 지도자의 역할은 종교개혁운동에 결정적인 역할을
한다. 바로 이러한 점에 착안할 때, 정화운동 당시 정화운동의 상징적인
대표였을 뿐만 아니라 그 후 종정을 역임한 동산은 향후 정화운동
연구에서 결코 간과될 수 없는 연구 대상이다.

또한 이 연구의 목적, 즉 이 연구가 정화운동의 역사적 성격과 정치사
회적 성격을 동시에 해명한다는 연구 목적을 고려할 때, 동산은 이
연구의 목적을 달성하는 데 가장 적합한 인물이다. 왜냐하면 동산이야
말로 일제 강점기 한국불교의 대표적인 선승이자 민족주의자이기도
하였지만(그래서 정화운동의 역사적 성격을 해명하기에 가장 적합한 인물
이기도 하지만), 이승만과도 사적 친분을 가지고 있었고 그러한 점에서
정화운동의 정치적 성격을 해명하는 데도 결정적인 도움이 되는 연구
대상이기 때문이다. 실제로 동산은 대한불교조계종이라는 종명을 획
득하는 일을 가장 중요하게 여겼고[7] 비구-대처승이라는 문제를 해결
하기 위해 정화운동을 이끌었던 중심인물이기도 하지만, 이승만과

사적 친분을 가지고 있었음[8]에도 불구하고 이승만의 개입 이후에는
종단 정화운동에 실질적으로 개입하기보다는 선불교의 선승으로 되돌
아가 비정치적 수행승의 역할을 수행하는 데 전념하였다.

이렇듯 연구의 대상을 명확하게 확정하였음에도 불구하고 그 방향과
관련해서는 또 다른 전제가 요구된다. 즉 본서에서는 왜색불교 청산과
관련하여 비구 중심의 선학원 측과 대처승 측 사이에서 전개되었던
논쟁보다는, 한국불교의 역사성 회복이라는 문제를 동산을 중심으로
고찰하려고 한다. 정화운동을 주도했던 선학원 측의 선승들이 대부분
용성의 계율사상을 불교계 정화의 근본으로 삼았기 때문에 용성의
민족관과 선의 전통성을 가장 잘 계승한 동산의 사례만으로도 정화운동
에 각인된 선학원 측 선승들의 불교사상을 충분히 이해할 수 있기
때문이다. 동시에 본서에서는 동산이 이승만 정부의 대한민국 국가
건설 과정에서 어떠한 역할을 하였고, 그것이 지니는 정치적 의미가
무엇인지에 대해서도 큰 관심을 두고 있다. 이는 앞에서 언급했듯이,
한국불교계의 정화운동을 불교계만의 사안으로 제한하지 않고 한국의
정치사회적 조건과의 관계라는 틀에서 분석할 것이라는 연구 목적과
부합하기 때문이다.

---

7 동산은 선승이었으나 용성의 제자로서 민족주의 사상을 내면화하고 있었고, 이러한
  민족주의 사상이 불교 개혁에 반영된 것이 바로 조계종이란 종명을 회복하는
  일에 주도적으로 참여한 사건이다.
8 이에 대해서는 본문에서 보다 구체적으로 언급할 예정이다.

제2절 정화운동에 대한 연구 현황

정화운동에 대한 연구는 1990년대 후반부터 본격화되었다. 그중에서
도 특히 김광식(2000)은 자신의 저서『근현대불교의 재조명』에서 정화
운동을 주요한 주제로 다루고 있다.[9] 또한 2004년『대각사상』제7집에
서는 정화운동을 특집으로 다루기도 하였다.[10] 2008년에는 조계종단에
서 정화운동에 대한 다양한 연구 성과를 담은『불교 정화운동의 재조
명』이란 단행본을 발간하기도 하였다.[11] 또한 최근에는 정화운동에
대한 부정적 측면을 소홀히 다룬 점을 비판하고 객관적으로 이해하려는
연구자의 논문이 산견되기도 한다.

대표적인 것이 앞에서 언급한『태고종사太古宗史』(종단사간행위원
회, 2006)이지만, 김순석(2008)도 그동안의 정화운동 관련 연구 성과를

9 불교 정화운동을 '제5부 정화 공간의 불교'라는 제목으로 다루고 있으며, 다섯
편의 논문이 포함되어 있다. 논문 제목은 아래와 같다. 「불교 '정화'의 성찰과
재인식」,「전국비구승대의자대회의 시말」,「사찰정화대책위원회의 개요와 성격」,
「불교재건위원회의 개요와 성격」,「조지훈·이청담의 불교계 '분규' 논쟁」.
10 발표된 논문은 「한국현대불교와 정화운동」(김광식),「백용성 선사의 불교 정화운
동」(한보광),「동산 스님과 범어사의 역할」(백운),「정화운동의 사회적 결과」(유
승무) 등이다. 『대각사상』제7집, 2004.
11 연구의 내용은 「미군정의 종교 정책과 불교계의 분열」(이재헌),「이승만 정권의
불교 정책」(김순석),「불교 정화의 이념과 방법: 청담 순호와 퇴옹 성철의 현실인식
과 정화인식」(고영섭),「'정화운동' 시대의 종조 갈등 문제와 그 역사적 의의」(김상
영),「불교 정화 공간과 사회복지」(윤승용),「불교 정화운동과 화동위원회」(김광
식),「근현대 비구니와 불교 정화운동」(황인규),「농지개혁과 사찰농지의 변동」
(김순미),「근현대 불교구술사 성과의 현황과 과제」(이경순) 등이다. 대한불교조
계종 교육원 불학연구소,『불교 정화운동의 재조명』(조계종출판사, 2008).

바탕으로 대한불교조계종과 한국불교태고종이 성립되는 과정을 비구
-대처승의 분쟁이라는 관점에서 논의하고 있다.[12]

이렇듯 정화운동의 학술적 이해는 그동안 다양한 연구자들의 노력으
로 다양한 시각에서 이루어지고 있지만, 당시 정화운동의 주역이었던
선학원 측의 대표적 선승들인 동산, 청담, 금오에 대한 연구는 그리
많지 않다. 동산, 청담, 금오 등이 정화운동에서 점하는 위상과 지위를
고려하면, 정화운동의 지도자에 대한 보다 깊이 있는 이해가 반드시
수반되어야 할 것이다.[13]

특히 정화운동과 관련하여 동산의 역사적 행적을 재조명하는 작업은
반드시 필요하다. 물론 이미 이와 관련해서도 몇 편의 주목할 만한
성과가 제출되기도 하였다. 우선 박병기(2003)는 동산을 용맹 정진을
통한 정신적 역량을 기반으로 불교 정화와 사회적 실천에 나아간 것으로
해석하고 있다. 또한 김광식은 '하동산과 불교정화'라는 제목의 논문에
서 일제시기와 해방 후 동산의 정화운동을 다루고 있다. 그러나 아직까
지도 정화운동과 동산의 관계를 불교와 정치(및 민족주의)의 관계라는

---

12 김순석, 「대한불교조계종과 한국불교태고종 성립의 과정」, 『순천향 인문과학논
   총』 제22집, 2008.
13 금오와 불교 정화운동의 관계를 정리한 책으로는 금오문도회가 2008년 펴낸
   『금오 스님과 불교 정화운동』(전2권)과 2008년 진관·각의 공저의 『한국불교
   정화사 연구-금오 선사를 중심으로-』(경서원), 2009년 진관의 『근대불교 정화
   운동사 연구』(경서원)가 있으며, 학술적 연구로는 김광식의 『정금오의 불교 정화운
   동』((재)선학원 부설 한국불교선리연구원 원장 법진) 12월 월례발표회, 2009가
   있다. 청담 관련 연구로는 2002년 청담기념사업회가 편찬한 『청담대종사와 현대
   한국불교의 전개』가 있다. 앞서 소개한 『근현대불교의 재조명』에도 청담을 다룬
   학술논문이 수록되어 있다.

차원에서 논의한 연구는 거의 없다.

본서는 정화운동을 그 역사성의 관점에서 동산과 관련하여 연구하려고 하지만, 동시에 당시 불교계와 정치권의 관계, 즉 이승만 대통령의 유시와 정화운동의 관계도 매우 중요시할 것이다. 왜냐하면 당시 정화운동의 전개 과정에 이승만 대통령의 유시는 선학원 측의 선승들에게는 결정적인 버팀목이었으며, 이승만 대통령은 '국가 건설 과정에서의 종교', 특히 정화운동이라는 뜻하지 않은 협력을 얻음으로써 정치에 있어 불교계의 새로운 지지자를 얻게 되었기 때문이다. 이렇게 볼 때, 불교와 정치의 관계를 규명하는 작업은 이 연구의 또 하나의 결정적인 주제이다.

그런데 바로 이와 관련하여 참고할 만한 두 가지 선행 연구가 있다. 가장 먼저 이병욱(2009)을 살펴보자. 그는 한국 근대불교사상을 사회참여를 기준으로 분석하여 각 유형별 차이점을 다음과 같이 논하고 있다. 첫째, 사회참여를 지향하는 불교사상(한용운). 둘째, 첫째 유형처럼 적극적으로 사회운동에 참여하지는 않지만 불교계 개혁 또는 불교계의 변화에 앞장선 불교사상(백용성과 박한영). 셋째, 전통을 계승하는 불교사상(방한암)의 세 가지로 구분하고 있다.

그러나 그는 사회참여가 무엇을 의미하는지 정확하게 명시하지는 않고 있다. 다만 사회참여를 유형의 기준점으로 제시하는 것은 "근현대 한국불교의 경우 사회적 입장을 어떻게 나타내느냐 하는 점이 그 사상의 특징을 보여주는 핵심적인 요소"이기 때문이며, 나아가 "(일제와 독재 정권 같은) 억압적 세력에 대해 어떤 태도를 취했느냐 하는 점이 불교사상을 구분하는 핵심적 열쇠가 될 수 있다. 또한 이런 분류를 통해서 오늘날 한국불교의 주류세력이 어떠한 입장을 취하고 있는지도 아울러 점검할 수 있고, 나아가 불교의 사회화를 위해서 어떤 종류의 불교사상이 한국 사회에 요청되는지 생각해 볼 수 있다"고 주장하고 있다.[14]

또한 이병욱은 '억압적 세력'에 대한 태도를 의미할 수 있는 종교·정치 간의 관계에 대한 분석은 거의 하지 않고 있다. 다시 말해서 본격적인 근대 한국불교의 유형화를 시도하지 못하고 있으며, 단지 당시의 여러 사상들의 차이점만을 간략하게 보여주고 있을 뿐이다. 그 결과 이병욱의 논문은 각 유형이 가진 의미와 유형별 차이가 이론적으로 해명되지 못하고 표면적으로 드러난 사실을 정리하는 수준에 머물러 있다.

다음으로 조명제(2006)는 근대사상사의 측면에서 볼 때 한국불교 내에는 전근대적인 불교, 전통에서 근대로의 이행, 그리고 근대불교의 모색 등 세 가지 경향이 모두 존재하였다고 주장하며, 이를 범어사의 사례를 통해 분석하고 있다.[15]

그는 첫째로 전통적인 불교를 계승한 경우로서 경허, 둘째로 전통과 불교의 가교 역할을 한 경우로서 백용성, 셋째로 근대불교를 모색했지만 친일 행적으로 이어진 허영호를 제시하고 있다. 조명제는 이처럼 근대로의 전환기 불교사상을 당시의 시·공간의 맥락에서 그 대응을 유형화하고 있지만, 연구자 자신이 언급하고 있듯이 근대불교 전체를 아우르는 일관된 틀을 제시하지 못하고 있다.

---

14 이병욱, 「한국 근대불교사상의 세 가지 유형−근대적 종교 상황에 대응하는 새로운 종교 활동이라는 관점에서−」, 『신종교연구』 제20집, 2009, p.166.

15 조명제, 「근대불교의 지향과 굴절−범어사의 경우를 중심으로−」, 『불교학연구』 제13호, 2006, p.63.

필자가 보기에, 정화운동(혹은 그 전개 과정)의 성격 변화를 객관적으로 이해하기 위해서는 근대 전환기 불교계의 구조적 변화에 대한 역사적 분석뿐만 아니라 당시 불교계가 처해 있었던 시대적 맥락을 고려하여 한국 사회(혹은 국가)와 불교계의 관계뿐만 아니라 한국불교계 내부의 상황을 종합적으로 고려한 다차원적인 분석이 필요하다. 게다가 그러한 분석에 기초하여 당시 한국불교계를 대표하는 지도자(여기에서는 동산)가 어느 유형에 속하였다가 어느 유형으로 변화되었으며, 그러한 변화가 무엇을 의미하는지를 설명할 필요도 있다.

제3절 정화운동의 개념과 분석틀

1. 정화운동의 정의

한국불교계의 정화운동을 평가하는 시각은 다양하다. 1954년 8월 24일부터 1955년 8월 15일까지(12개월 358일간)[16]의 한국불교계의 정화운동 기록을 읽어 보면, 일련의 사건을 긍정적으로 바라보는 입장에서는 이를 '정화운동淨化運動' 또는 '정화불사淨化佛事'라고 칭하지만 부정적으로 평가하는 측은 '법란法亂', '승단 분규' 등으로 부르고 있다. 선학원을 중심으로 한 비구승은 정화라는 단어를 사용하는 반면에 대처승 측에서는 법란이라는 표현을 사용한다. 심지어 최근 조계종에서는 근현대편 『조계종사』[17]를 발간하였는데 태고종에서는 그와 전혀 다른

---

16 『한국불교승단 정화사』, 한국불교승단정화사편찬위원회, 1996, p.3. 민도광은 한국불교승단 정화사라고 표현하고 있으며 불교 정화사라는 표현을 하지 않고 있다. 불교 교단정화라는 본 연구에 있어서 새로운 표현이라고 말할 수 있다.

관점에서 『태고종사』[18]를 발간하기도 하였다.

이처럼 최근까지도 한국불교 정화운동을 바라보는 극명한 입장의 차이가 해소되지 않았을 뿐만 아니라 이를 지칭하는 학술적 용어가 정리되지 않았다는 점에서, 객관적 명칭으로 '비구-대처승 분쟁'으로 부르는 주장도 있다. 이러한 주장은 정화의 개념이 당시 시대적인 상황과 그 이후의 한국불교계의 흐름에서 정화라는 단어의 사전적 의미와 부합하지 않는다는 점에 기인하고 있다. 한국불교계의 정화운동은 그리 쉽게 판단할 문제가 아니라고 말할 수 있다. 일본이 조선을 지배한 식민지의 산물이라고 하지만, 불교에 대한 정치적인 면에서 본다면 일본불교를 통해서 조선불교의 위상을 상승시켜 주었다고 하는 긍정적인 면도 있다. 그런 의미에서 본다면 한국불교 정화운동에 대한 평가는 또 다른 면도 있을 수 있다.

'정화'라는 말의 사전적 의미는 '깨끗하지 못하며 죄로 가득 찬 것 또는 바람직하지 않은 상황으로부터 보호하기 위해 사용하는 의식'으로 정의되어 있으나, 더러운 것이 제거되어 정화된 종단이라 자처하는 조계종단에서 이후 이에 걸맞지 않은 여러 분규가 발생하였다는 점에서

---

17 『조계종사』(근현대편), 대한불교조계종 교육원 불학연구소, 2005, p.358.

18 『태고종사 -한국불교 정통종단의 역사』, 2006, p.517의 이 책이 발행되었을 때 조계종에서는 비상대책위원회가 구성되었다. 이 책을 내용면에서 본다면 동산 문도와 청담 문도에 대한 비판적인 면이 다수 있었다. 그래서 동산 문도인 범어사 주지 대성이 비상대책위원회를 구성하고 조계종 총무원에서도 이 문제를 심도 있게 다루고 있었다. 그러나 조계종과 태고종의 상호 협약으로 이 문제가 중지되었다. 이제 책의 내용과 자료를 분석하여 불교의 문제점을 바르게 인식하고 발전에 도움이 되게 해야 할 것이다.

'정화'라는 용어는 적합하지 않다는 것이다.[19]

한국불교 정화운동에 참여한 당사자가 평하기를, 오늘의 불교계의 모습을 보면 한국불교 정화가 아니라 한국불교 승단 정화라는 용어를 사용하는 것이 옳다고 하기도 했다. 한국불교 정화운동에 참여하고 대한불교조계종 9대 종정을 역임한 월하는 『한국불교 승단 정화사』 머리말에서 '불교 정화'가 아닌 '승단 정화'라고 칭하는 이유를 다음과 같이 밝히고 있다.

> 정화淨化 두 글자의 뜻은 깨끗이 하자는 뜻인데, 무엇을 어떻게 정화한다고요. 소홀한 언사로 쉽게 불교 정화佛敎淨化, 불교 정화라고 하는데 불교佛敎라면 부처님의 가르침이신데 어떻게 부처님의 가르침을 정화한다는 말이요. 의리義理에 맞도록 말하자면 불교계 정화, 또는 승단 정화僧團淨化라고 해야 옳다고 생각됩니다. 어느 세계나 어느 단체에도 정淨과 부정不淨은 없을 수가 없지요. 사바세계는 더 말할 것도 없습니다.[20]

위의 글에서 대한불교조계종 월하 종정은 불교 정화라는 단어는 부처님의 가르침을 대상으로 하고 있으므로 부적절하다고 언급하고, 그 대신 승단 정화 혹은 불교계 정화라는 단어를 사용할 것을 제안하였다. 이상에서 살펴보았듯이 정화운동은 각 교단의 정치적 입장이나 학자

---

19 김순석, 「대한불교조계종과 한국불교태고종 분립의 배경」, 『순천향 인문과학논총』 제22집, 2008, pp.143~147.

20 한국불교승단정화사편찬위원회(1996), 앞의 자료, p.3.

들의 시각에 따라 다양하게 규정되고 있지만, 이러한 모든 규정이 한국불교 정화운동의 성격에 꼭 부합하지는 않는다. 그래서 정화운동을 불교 내적인 운동으로만 보지 않고 일본불교계와 조선 전통불교계 사이의 불교문화사적인 충돌 사건이자 국가(이승만 정부)로 인하여 정치적 관계가 투영된 정치사회적 사건으로 간주하고자 한다.

본서에서는 정화운동을, 한편으로는 일제에 의해 단절된 전통을 되살리려는 전통성 회복운동이자 불교와 (이승만 정부의) 정치적 이해관계가 작용된 정치적 사건으로 작업적 정의(operational definition)를 하고자 한다.

2. 민족주의의 이론적 논의

민족주의[21]는 매우 민감한 주제이다.[22] 한쪽에서는 민족주의가 근대

---

21 민족주의는 16세기 영국에서 발현되고 타 지역사회로 퍼지게 되어 '근대성을 구성'하게 된 '특정 관념적 시선'으로 정의되기도 한다. 여러 민족주의적 움직임들은 서로의 입장에 의의를 제기할 수도 있지만 동일한 민족주의적 사상을 공유한다. 민족주의에 대한 기본적인 학술연구로는 베네딕트 앤더슨의『상상의 공동체』와 리아 그린펠드의『민족주의: 근대에 이르는 다섯 갈래 길』이 있다. 일반적으로 민족주의자들은 개별 민족을 특정 기준에 맞춰 정의하며 민족을 타 민족에서 구분하고, 개개인의 '민족의 일원 여부'를 판단한다. 이러한 기준들로는 공유된 언어, 문화 또는 가치관 등이 있으나, 많은 경우 제일 중요하게 여겨지는 것은 하나의 민족에 속해 있는 것이다. 민족적 '정체성'이라는 것은 한편으로는 이러한 선언적 정의를 포함하며, 다른 한편으로는 이러한 무리의 '일원이 되었다는 느낌'을 포함한다. 민족주의자들은 민족의 일원이 되는 것을 배타적이며 개인의 의지와는 독립적인 것으로 보는데, 이것은 개인이 원한다고 해서 일반 단체처럼 '가입'할 수는 없는 것이다. 민족주의는 인류의 활동 대부분을 그 특징에 있어서 민족주의적으로 파악한다. 이들에게 있어서 민족은 고유한 국가 상징, 민족적 특성, 민족적

자본주의 발달 과정에서 생겨난 역사적 구성물이라 주장하며, 다른 한쪽에서는 민족이 과거부터 존재하는 실체이기 때문에 민족주의는 그러한 민족에 토대를 두고 발생한 인류의 자연스러운 감정이라 주장한 다. 민족주의를 근대의 발명품으로 보는 입장에서도 일부는 민족주의 에 담긴 배타성과 공격성에 주목하여 부정적으로 평가하지만, 또 다른

문화, 민족 노래와 민족 문학을 가지고 있으며 민족적 신화와 소수 사례의 경우 민족 종교 또한 가지고 있다. 개인들은 민족 가치관과 문화적 정체성을 공유하며 민족 영웅을 우러러보고 민족 음식을 먹으며 민족 스포츠를 즐긴다. 민족주의는 민족국가를 지배적인 국가 형태로 만들어 버림으로써 세계 역사와 지리정치학에 엄청난 영향을 끼쳤다. 오늘날 세계 대부분의 사람들이 살고 있는 국가들은 최소한 문서상으로는 민족국가이다. 그 결과로 이들 민족국가를 '민족'으로 부르 는, 이론적으로 부정확한 전례가 생겨났다. 민족국가는 민족의 존재 여부를 보장하며 구분된 정체성을 유지하며 지배적인 민족적 문화와 에토스가 형성될 수 있는 영토를 제공하도록 의도되었다. 수많은 민족국가는 문화·역사적인 신화 의 힘을 빌려 자신의 존재를 방어하여 정당성을 확보하려고 한다. 민족주의자들은 '비非민족적' 국가가 존재한다는 사실을 인정한다. 실제로 초기 민족주의 운동들은 오스트리아-헝가리 등의 제국들을 겨냥하였다. 바티칸은 로마 가톨릭의 지도하 에 있는 주권적 국가를 제공하기 위하여 존재하지만 이는 민족이 없다. 많은 이슬람주의자들이 추구하는 범세계적 칼리파국Caliphate은 또한 비민족적 국가의 한 예가 될 수 있다. 자신을 민족의 일부로 파악하며 민족국가들이 정통성을 지닌다고 생각하는 이들은 형식적으로 '민족주의자'로 정의될 수 있다. 이러한 맥락에서 대부분의 어른들은 수동적 민족주의자이다. 그러나 현대의 생활 언어에 있어서 '민족주의'는 민족주의적 요구를 지지하는 정치적(그리고 가끔 군사적) 행동을 의미하게 되었다. 이러한 일련의 행동들은 분리주의, 민족병합주의 (irredentism), 군사주의 등을 포함할 수 있으며 극단적인 경우 민족 청소의 형태를 취한다. 정치학자들(그리고 언론 매체들)은 일반적으로 이러한 극단적인 민족주 의의 발현에 집중하는 경향이 있다. 〈다음〉 백과사전 참조.

22 민족주의 및 불교와 민족주의의 관계에 대해서는 유승무(2010)를 참고할 것.

입장에서 본다면 한국에서의 민족주의는 서구의 일반적 민족주의와 달리 피해자의 민족주의 혹은 방어적 민족주의의 성격이 강해 서구의 민족주의와는 크게 다르다고 강조한다.

이와 같은 입장 차이는 종교와 민족주의의 관계에도 반복된다. 민족주의를 근대의 발명품이라 여기는 이론은 근대 민족국가(Nation State)가 성립하기 위해서는 종교권력으로부터 세속적 정치권력의 구조적 분리가 전제되어야 하므로, 바로 이러한 이유에서 민족주의가 종교를 대체한 것이라 주장한다. 반면에 역사 속에 나타나는 구체적인 현실을 연구한 이후의 연구에서는 종교와 민족주의는 배타적 관계가 아닌 불가분의 관계를 맺으며 종교가 민족주의 형성을 돕는 측면도 있다고 주장한다. 이 같은 민족주의적인 성격을 진단하는 것도 중요하다.

김순석은 교리적 측면에서 원융무애와 제법무아를 추구하는 보편적 종교인 불교는 민족주의와 어울리지 않지만, 불교와 민족주의의 결합은 민족의 생존권을 위협하는 외세의 침략 앞에서 국민들의 생존권을 지키기 위한 방편으로 이루어졌다고 주장한다.[23] 박노자도 불교와 민족주의는 상반된 개념이지만 동아시아에서는 불교가 근대화 과정에서 민족주의와 결합하였다고 분석한다.[24] 서재영도 불교와 민족주의의 결합은 불교의 정신이 민족주의와 부합해서라기보다 일제 식민지 시기 중생들의 현세적 고통을 극복하기 위한 선택이었다고 해석하고 있다.[25]

실제로 일제 식민지 시기 한국불교는 민족주의와 강하게 결합하기도

23 김순석, 「한국 근대불교계의 민족인식」, 『불교학연구』 제21호, 2008, p.302.
24 박노자, 「한국 근대 민족주의와 불교」, 『불교평론』 제8권 제3·4호, 2006.
25 서재영, 「민족불교와 불교적 보편주의」, 『불교평론』 제8권 제3·4호, 2006.

하였는데, 특히 선학원을 중심으로 수행 정진하면서 선불교의 전통을 계승하는 것이 곧 한국불교의 정통성을 유지하는 길이라고 생각해온 소수 선학원 중심의 비구승들의 의식과 태도는 그 전형이었다. 그러한 비구승들의 민족주의적 태도가 한국불교 정화운동에도 그대로 투영되었다는 것이 이 글의 입장이다. 한국불교의 전통성을 실현하고자 하였던 선을 중심에 두고 정진하던 선승들은 불교 교단에 대하여 초월한 면이 없지 않았다. 그러한 승려들이 불교 정화에 참여한 것은 대 결단이었다.

정화운동은 그 성패 여부를 떠나서 일제시대에 정법을 수호하고 계율을 지키고자 하였던 비구승들이 벌인, 해방 이후 한국불교의 정통성 회복을 위한 노력의 산물이다.[26]

한국불교는 정화운동을 통해 얻은 점도 있고 잃은 점도 있지만, 민족이라고 하는 측면에서 본다면 불교의 자주적인 모습을 실천적으로 보여주었으면 하는 아쉬움도 있다. 한국불교의 정통성을 회복하려고 하였던 정화운동에 대한 평가는 새로운 시대 및 새로운 역사와 함께 계속되어야 한다.

---

26 김순석, 『백년 동안 한국불교에 어떤 일이 있었을까』(운주사, 2009), p.282.

3. 분석틀

본서에서는 〈표 1〉과 같이 불교와 국가의 관계라는 측면 및 불교계의 역사성이란 측면을 총체적으로 고려하여 정화운동을 분석하고자 한다.

〈표 1〉 연구의 분석틀: 근대 전환기 종교 유형

		국가와 불교계의 관계	
		협력형	갈등형
불교계의 역사성	전통계승	I	II
	현실유지	III	IV

위의 〈표 1〉에서 'I 유형'은 불교계가 내부적으로는 자신의 역사적 전통성을 계승하려고 노력하면서 외적으로는 국가와의 관계를 상호 협력 관계로 설정하고 있는 경우로서 정화운동 당시 비구승 측의 유형이 여기에 속한다. 'II 유형'은 불교계가 자신의 역사적 전통을 계승하려고 하지만 바로 그것이 외적으로는 국가와 갈등을 유발하는 경우로서 일제 강점기 비구승 측의 유형이 여기에 해당한다. 'III 유형'은 불교계가 변화된 현실을 인정하고 유지해 가면서 국가와의 관계를 협력적 관계로 유지하는 경우로서 일제 강점기 대처승 측의 입장이 이 유형에 해당한다. 마지막으로 'IV 유형'은 불교계가 변화된 현실을 유지하고자 하지만 바로 그것이 국가와의 갈등을 유발하게 되는 경우로서 정화운동 당시 대처승 측의 입장이 여기에 해당한다.

이렇게 볼 때, 해방 직후 한국 사회가 일제 강점기의 잔재를 제거하고 민족국가를 건설해야 하는 과제를 갖고 있었던 상황은, 비구승 측에서는 자신의 입장이 'II 유형'에서 'I 유형'으로 바뀌었음을 의미하는 반면에, 대처승 측의 경우는 자신의 위상이 'III 유형'에서 'IV 유형'으로 바뀌었음을 의미한다. 결국 불교계가 'I 유형'과 'IV 유형'으로 양극화된 상황에서 당시의 대통령이었던 이승만이 정화 유시를 발표하는 방식으로 불교계의 내부 문제에 깊숙하게 개입하면서 정화운동은 촉발되었다. 그 결과 정화운동은 한편으로는 전통성을 회복하는 운동이었다는 긍정적 측면을 내포하고 있음에도 불구하고, 다른 한편으로는 불교계를 국가에 종속시키는 역사적 계기 혹은 선례先例를 만들었을 뿐만 아니라 끝내는 분종으로 귀결되는 결과를 초래하고 말았던 것이다.

이에 아래에서는 이러한 분석틀에 따라 한국불교계의 정화운동을 총체적 차원에서 실증적으로 이해해 보고자 한다. 물론 동산의 사례가 실증적 논의 전개의 초점임은 두말할 나위가 없다.

제2장 동산의 생애와 사상

제1절 동산의 생애

1. 동산의 성장 과정

동산의 속명은 동규東奎이며, 1890년 2월 25일 충청북도 단양군 단양읍 상방리 244번지에서 태어났다. 부父는 하성창河聖昌이고 모母는 정경운鄭敬雲이다. 본관本貫은 진주晉州이다. 동산이 태어난 1890년은 일본의 일련종이 1877년 부산, 1880년 원산, 1884년 인천에 별원을 세워 항구도시를 다 장악한 후 드디어 1890년 경성에까지 별원을 세워, 이 땅의 중앙을 일본불교가 점거占據한 해이다.[27]

동규가 태어난 때는 일본불교가 조선에서의 포교활동을 본격화하고

---

27 동산문도회, 『동산 대종사문집』, 금정산 범어사, 1998, p.349.

있던 시기였다. 경성에 일본승려들이 드나들면서 조선불교는 일본
불교에 대한 관심을 보이기 시작했다.

동규는 7세에 단양읍에 있는 당시의 교육기관인 향숙(書堂)에 들어가
서 한학을 배웠는데, 하루하루 배운 것을 매양 배송背誦하여 사람들이
신동神童이 출세하였다고 칭찬을 아끼지 않았다. 한학 공부를 7세에
시작하여 사서삼경四書三經과 기타 사서史書들을 7년 여 동안에 걸쳐
모두 이수履修하였다.[28]

동규가 15세쯤 되었을 때, 단양읍에서도 변화기를 맞이하게 되었다.
그동안의 전통적 유교 교육관에서 벗어나 신학문을 통해 교육의 방향이
새롭게 전개되고 있었다.

향리 단양읍에도 개화의 물결로 인하여 당시로서는 새로운 교육기관인
익명보통학교가 설립되었는데 그는 그곳에 입학하였다. 그런데 그
당시에는 신학문을 공부하려면 국가에서 제정한 단발령에 의하여
머리를 깎고 학교에 다녀야 했다. 대대로 유교의 전통에 의하여 머리를
길러 상투를 올렸던 것을 하루아침에 자른다는 것은 여간 어려운
것이 아니었다. 특히 보수적인 성향이 강한 충청도의 양반 고장에서는
더욱 난감한 일이 아닐 수 없었다. 그러나 시대의 변화 추세를 감지하고
신학문은 꼭 배워야 한다고 결심하고 완고한 부모님을 설득하여 머리를
깎고 학교에 들어갔다. 그때 익명보통학교의 담임선생은 한글학자로

---

28 동산문도회, 앞의 책, pp.349~350.

큰 업적을 남기신 주시경 선생이었다.[29]

주시경周時經 선생[30]과 같은 훌륭한 선각자 밑에서 신학문의 기틀을
마련한 뒤 동규는 19세에 익명보통학교를 졸업하였다. 졸업 이후 역시
주시경 선생의 권유로 경성 유학길에 올라 중동중학교에 입학하였다.[31]
중동중학교에 입학하면서 동규는 경성에서 새로운 사상을 접할 수
있었다. 단양읍에서 활동했던 시기와는 다른 생활이었다. 동규는 주시
경 선생의 지도에 의하여 민족이라는 것을 알게 되었다.

1910년(21세) 8월 29일은 우리 민족의 씻을 수 없는 치욕의 날인
한일합방조약이 공포되던 날이다.[32]

---

29 동산문도회, 앞의 책, p.350.

30 동규는 주시경 선생으로부터 민족에 대한 역사성을 학습하였을 법하다. 주시경
선생을 통해 동규의 역사관이 열렸다고 말할 수 있기 때문이다.

31 동산문도회, 앞의 책, p.350.

32 『조선왕조실록』 순종 4권, 1910년 경술, 대한 융희隆熙 4년 8월 29일(양력) 2번째
기사. 일본국 황제에게 한국 통치권을 양도하다. 皇帝若曰: "朕이 否德으로 艱大ᄒ
業을 承ᄒ야 臨御以後로 今日에 至ᄒ도록 維新政令에 關ᄒ야 亟圖ᄒ고 備試ᄒ야
用力이 未嘗不至로디 由來로 積弱이 成痼ᄒ고 疲弊가 極處에 到ᄒ야 時日間에
挽回ᄒ 施措無望ᄒ니 中夜憂慮에 善後ᄒ 策이 茫然ᄒ지라. 此를 任ᄒ야 支離益
甚ᄒ면 終局에 收拾을 不得ᄒ기에 自底ᄒ진 則無寧히 大任을 人에게 托ᄒ야
完全ᄒ 方法과 革新ᄒ 功效를 奏케홈만 不如ᄒ 故로, 朕이 於是에 瞿然히 內省ᄒ
고 廓然히 自斷ᄒ야 玆에 韓國의 統治權을 從前으로 親信依仰ᄒ든 隣國大日本皇
帝陛下게 讓與ᄒ야 外으로 東洋의 平和를 鞏固케ᄒ고 內으로 八域民生을 保全케
ᄒ노니, 惟爾大小臣民은 國勢와 時宜를 深察ᄒ야 勿爲煩擾ᄒ고 各安其業ᄒ야
日本帝國文明新政을 服從ᄒ야 幸福을 共受ᄒ라. 朕의 今日此舉는 爾有衆을

동규가 21세 되던 해에 조선은 일본과 합병되었다. 조선이 일본에
의하여 통치되는 비극적인 모습을 보고 애국자들이 조선 각지에서
궐기하여 저항하는 운동을 벌였다.

1910년 8월 29일은 우리 민족의 씻을 수 없는 치욕의 날인 한일합방조약
이 공포되던 날, 이곳저곳에서 김석진, 황현 같은 뜻있는 의사들이
자결하는 사태가 벌어지고 국민 전체가 나라 잃은 비탄에 빠져서
어찌할 바를 몰랐다. 일본은 조선불교를 활용하려고 하였는데, 먼저
조동종은 1910년 8월 29일 일제가 조선을 강제로 합병하자 발 빠르게

忘홈이 아니라 爾有衆을 救活ᄒᆞ쟈ᄒᆞᄂᆞᆫ 至意에 亶出홈이니 爾臣民等은 朕의
此意를 克體ᄒᆞ라。(『純宗皇帝實錄』卷之四終).

황제는 다음과 같이 말한다. "짐朕이 부덕否德으로 간대艱大한 업을 이어받아
임어臨御한 이후 오늘에 이르도록 정령을 유신維新하는 것에 관하여 누차 도모하고
갖추어 시험하여 힘씀이 이르지 않은 것이 아니로되, 원래 허약한 것이 쌓여서
고질이 되고 피폐가 극도에 이르러 시일 간에 만회할 시책을 행할 가망이 없으니
한밤중에 우려함에 선후책善後策이 망연하다. 이를 맡아서 지리支離함이 더욱
심해지면 끝내는 저절로 수습할 수 없는 데 이를 것이니 차라리 대임大任을
남에게 맡겨서 완전하게 할 방법과 혁신할 공효功效를 얻게 함만 못하다. 그러므로
짐이 이에 결연히 내성內省하고 확연히 스스로 결단을 내려 이에 한국의 통치권을
종전부터 친근하게 믿고 의지하던 이웃나라 대일본 황제 폐하에게 양여하여
밖으로 동양의 평화를 공고히 하고 안으로 팔역八域의 민생을 보전하게 하니
그대들 대소 신민들은 국세國勢와 시의時宜를 깊이 살펴서 번거롭게 소란을 일으키
지 말고 각각 그 직업에 안주하여 일본 제국의 문명한 새 정치에 복종하여
행복을 함께 받으라. 짐의 오늘의 이 조치는 그대들 민중을 잊음이 아니라 참으로
그대들 민중을 구원하려고 하는 지극한 뜻에서 나온 것이니 그대들 신민들은
짐의 이 뜻을 능히 헤아리라."

이를 축하하는 칙서를 발표하는 한편 승려들을 모아 축하식을 열었다.
이 축하식에서는 '이 왕가와 신부新府 민중의 경복 중진을 위한 기도'도
아울러 가졌다.[33]

조선이 일본에 합병되자 조선에 파견되어 있던 일본불교계의 조동종
은 조선불교계에 대한 예우를 한다는 명분으로 불교계 인사들을 모아
축하연을 베풀기도 하였다. 이처럼 조동종은 조선불교계와 관계 개선
을 실천하는 데 적극적이었다.

1910년대는 일제가 조선을 식민지로 획득한 직후이기 때문에 식민
지배의 토대를 구축할 시기였다. 이는 구한말 이래 지속적으로 전개되
어왔던 조선을 식민지로 획득하기 위한 정책의 연장선에서 추구되었다
고 생각된다. 그 대표적 작업이 토지조사사업, 일본어 보급, 지방행정
구역 재편 및 면제 시행 등과 같은 제도의 개편이었다. 하지만 이
외에도 일제는 식민지 조선인에 대한 동화정책을 추진하여 '일본인화'
하고자 하였고 이는 '조선귀족'의 창달과 일본시찰단 파견 등 일제의
조선 지배에 협력할 조선인을 양성하는 프로그램으로 나타났다. 또한
대중조작도 동원되었다.[34]

---

33 성주현, 「1910년대 조선에서의 일본불교 포교활동과 성격」, 『일제의 식민지
지배정책과 매일신보 1910년대』, 수요역사연구회 편, 두리미디어, 2005, p.159.

34 조성운, 「총론 1910년대 일제의 동화정책과 매일신보」, 『일제의 식민지 지배정책
과 매일신보 1910년대』, 수요역사연구회 편, 두리미디어 2005, p.13.

동규가 경성에서 학문을 탐구하고 있을 무렵 조선불교계는 경성에 포교당을 건립하는 운동을 벌였다. 이런 상황에서 동규는 나라를 다시 찾고 국가와 민족을 일으켜 세우는 길은 개개인이 학문을 닦고 실력을 키우는 길밖에 없다는 생각을 다지고 있었다. 이 판단은 곧 주시경 선생의 뜻과 일치하여 진학의 길로 나가게 되었다.

경성의 중동중학교를 졸업하고 보다 전문적으로 학문을 연마하기 위하여 경성 총독부 의학전문학교에 진학하여 의학을 전공하기 시작하였다. 경성에서 의학을 공부하는 동안 동규는 고숙인 위창葦滄 오세창 吳世昌 선생의 권유로 용성을 자주 친견하게 된다.[35]

오세창은 백용성白龍城이 주석하고 있는 경성 대각사大覺寺에 자주 방문하였는데, 당시 대각사는 불교 현대화의 전진기지 역할을 한 곳이었다. 조선불교를 발전시키기 위해서는 경성에 포교당을 세우고 부처님의 가르침을 민중들에게 현대인의 근기에 부합하게 전해주어야 할 필요가 있었다. 이 일을 위해서는 한문으로 된 경전을 한글화하는 역경 작업이 절실했는데, 대각사는 그러한 역할을 수행하였다. 조선불교계는 전국에서 선원禪院을 운영하고 강원을 여는 등 새로운 시대를 열어 가려는 움직임을 나타내고 있었다.

불성상佛聖像, 관세음보살상觀世音菩薩像, 지장보살상地藏菩薩像인 삼존성상三尊聖像을 모심과 동시에 석가여래 부촉법 제67세 환성지안(釋

---

35 동산문도회, 앞의 책, pp.351~352.

迦如來付囑法第六十七世喚醒志安) 조사의 영정을 모시고 주석住錫하면서 불교개혁佛敎改革을 통한 민족중흥民族中興을 발원發願해서 불교중흥佛敎中興을 이룩하고자 서울 종로 봉익동 1번지에 민가를 구입購入하여 보수개조補修改造하였다. 불佛을 번역飜譯하면 대각大覺이라 불교佛敎의 명칭名稱을 참신斬新하게 하기 위하여 대각교大覺敎로 향도向導하고자 사명寺名을 대각사大覺寺로 하여 문호門戶를 열었다.[36]

바로 이때 용성은 경성에 포교당을 세우고 불교를 포교하는 운동을 전개하였다. 특히 용성은 경전을 한글화하는 작업에 크게 헌신하였다. 때문에 용성은 위창 오세창 선생과 자주 접촉하였는데, 그들은 갑자생(1864) 동갑이며 용성이 대각사 교당에 괘석掛錫한 이래 자주 만나서 국사를 걱정하며 동지의 정을 두터이 해온 사이였다. 동규가 처음 경성에 있는 대각사의 용성을 친견하던 시기, 용성은 의학을 공부한다는 청년 동규에게 다음과 같이 물었다.

"인간의 신병身病은 의술로 어느 정도 치료한다지만 마음의 병은 무엇으로 다스리겠소?"
이 말씀에 충격과 감동을 받은 동규는 불교에 대하여 관심을 갖기 시작하였다. 그리고 더욱 용성의 고매高邁하신 인격에 마음이 이끌리게 되었다. 불교는 마음의 병을 다스리는 종교라는 말도 들었고, 마음은 만법의 근원이며 우주의 근본이라는 말씀도 들었다.[37]

36 「용성진종조사연보」, 『죽림』 제230호, pp.122~123.
37 동산문도회, 앞의 책, p.352.

동규는 마음의 병이라는 말에 충격을 받은 것 같다. 용성의 말씀을 듣고 동규는 인간의 병을 치유하는 데 있어 마음의 병을 치료하는 것이 지극히 중요하다고 생각하게 되었다. 일본인들은 조선인들을 동화시키기 위하여 온갖 방편을 다 활용하였다. 조선이 일본에 동화되어야 할 이유를 매일신보는 다음 네 가지로 설명하였다.

첫째, 일선인日鮮人이 동인종同人種인 사事.
둘째, 조선朝鮮에는 본래 독립獨立할 국가로 그 역사가 무無할 사事.
셋째, 독립국으로 존재키 불능不能할 사事.
넷째, 아我 열성列聖이 상소相紹한 수무적綏撫的 제국주의帝國主義.[38]

매일신보의 기사에서 일본인과 조선인은 동인종이라는 것을 강조하였듯이, 조선 학생들에게도 그러한 방법으로 교육하였을 것으로 본다.

1911년(22세) 동규는 학교에서 의학을 공부하는 한편, 1907년 11월 29일에 도산 안창호 선생 등이 조직한 경성부 흥사단 내 국어연구회에서 우리의 국어와 민족사상에 대한 공부도 병행하였다. 공부와 아울러 그 당시 흥사단에 출입하는 숱한 지사志士와 의사義士들을 만나면서 민족의 자주독립과 일제에 항거하는 광복운동 정신을 크게 함양하게 되었다. 이 해에 용성도 봉익동 1번지에 대각사를 창건하였다. 역시 민족운동의 하나로서, 만약의 경우 일제가 민족불교를 말살하고 자기

---

38 조성운, 「총론 1910년대 일제의 동화정책과 매일신보」, 『일제의 식민지 지배정책과 매일신보 1910년대』, 수요역사연구회 편, 두리미디어, 2005, p.14.

네들의 불교를 이 땅에 심고자 획책劃策할 때를 대비한 것이다. 이
해 6월 3일에 일본의 법률로 전문이 7개 조로 된 사찰령이 반포되어
모든 사찰과 승려들은 구조적으로 식민통치의 예속을 받게 되었다.[39]

동규는 조선불교계의 역사에 대하여서는 전혀 알지 못했다. 용성이
경성에서 불교를 무엇 때문에 포교하고 있는지에 대해서도 알지 못했
다. 동규가 불교를 알고자 하였던 것은 용성과 대화하는 가운데 느낀
마음의 병에 대한 문제를 해결하기 위함이었다. 때문에 조선불교의
변화, 즉 사찰령으로 인해 조선불교가 입은 피해와 그 문제에 대한
관심은 전혀 없었다. 오직 오세창 선생의 소개로 용성을 친견하고
있는 정도였다. 동규는 의학도의 역할을 포기하고 출가[40]를 결행하였
다. 출가를 결행한다는 것은 큰 결단이 없이는 실행할 수 없는 일이라는
점을 고려하면, 오세창 및 용성과의 만남이야말로 동규로 하여금 출가
를 결심하고 승려가 되어 마음의 병을 치유하는 법을 배우도록 하였을
뿐만 아니라 용성을 은사로 정하게 된 인연을 맺어주는 데 큰 도움이
되었다고 말할 수 있다.

---

39 동산문도회, 앞의 책, p.353.
40 당시 조선불교계에서는 금강계단에 의하여가 아니라 도첩제도에 의하여 승려가
   되었다. 전통적인 금강계단이 있어서 승려가 배출되는 시대가 아니었다. 조선의
   승려들은 천민으로 전락하였고, 천민들이 사원을 지키고 사원의 토지를 관리하면
   서 노예적인 신분으로 살았다. 이후 명진학교가 개교하여 불교 학문을 통한
   승려를 배출하기도 했다.

2. 동산의 출가

동규는 1912년 출가를 단행했는데, 이 시기는 조선불교의 대표인
원종圓宗[41]의 세력들이 일본불교 종파인 조동종과 연합하였으며, 원종
의 종정인 이회광[42]의 매종 행위에 대한 저항운동이 발생하고 있던

---

41 1908년 3월 6일 각도 사찰 대표자 52명이 원흥사에 모여 圓宗이라는 종명을
채택하고 원종 종무원을 설립하여 이회광을 대종정으로 선출하였다. 원종은
조선시대 억불정책으로 종단이 강제 폐지된 이래 처음으로 종단을 재건한 것이다.
원종은 불교계의 대표자들이 스스로 설립한 근대 최초의 종단이었다. 그 임원은
다음과 같다.

대종정	이회광	총무	김현암
교무부장	진진응	학무부장	김보륜 김지순
서무부장	김석옹 강대련	인사부장	이회명 김구하
조사부장	박보봉 나청호	재무부장	서학암 김용곡
고등강사	박한영		

『영축총림 통도사 근현대불교사, 구하·경봉·월하·벽안, 대종사를 중심으로』(상
권), 대한불교조계종 영축총림 통도사, 2010, pp.36 37.

42 이회광李晦光은 일본의 최대 종파인 조동종과 조선불교 종파인 원종의 통합을
전제로 합의하였다. 이회광 원종 종정이 일본의 조동종 관장 이시카와 소도우를
만나 작성한 합의문의 내용은 다음과 같다. 1. 朝鮮 전체의 圓宗 寺院衆은 曹洞宗과
完全且 永久히 聯合同盟하여 佛教를 확장할 事. 2. 曹洞宗 宗務院은 朝鮮圓宗
宗務院에 顧問을 依囑할 事. 3. 曹洞宗 宗務院은 朝鮮圓宗 宗務院의 設立 認可를
得함에 輔施의 勞를 取할 事. 4. 朝鮮圓宗 宗務院은 曹洞宗 布教에 대하여 相當한
便利를 圖할 事. 5. 조선원종 종무원은 조동종 종무원에서 포교사 若干員을
招聘하여 各 首寺에 配置하여 一般 布教及 청년 승려의 교육을 囑託하고 又는
조동종 종무원이 必要로 因하여 포교사를 波遣하는 時에 조선원종 종무원은
조동종 종무원의 指定하는 地의 首寺나 或 사원에 宿舍를 정하여 일반 포교급
청년 승려 교육에 종사케 할 事. 6. 본 締盟은 雙方의 意가 不合하면 廢止變更
或 改正을 위할 事. 7. 본 締盟은 其管割處의 承認을 得하는 日로부터 效力을

시기였다.

조동종은 정토종보다 조선 포교에는 늦었지만 다께다(武田範之)를 통해 조선불교를 합병하고자 하였다. 다께다는 조선불교 전체를 조동종과 통합하는 것만이 '신라와 고려시대의 영광을 빛나게 하는 것'이라 하여 조선과 일본불교의 통합을 적극 주선하였다.[43]

조동종 신도인 다께다는 통치적인 차원에서 조선불교계를 일본불교계인 조동종에 병합하려고 시도하였다. 조선불교계는 일본불교 교파와의 합병을 찬성하는 측과 반대하는 측으로 뚜렷이 나뉘었는데, 백용성과 한용운, 박한영 같은 분들이 반대 입장이었다.

동규는 경성 총독부 의학전문학교를 졸업한 상황에서 비교적 늦은 나이인 24세에 출가하였다. 동산은 의학을 전공할 때에 자주 친견하였던 용성을 찾아가서 출가를 결심하였다.[44] 1912년(23세) 경성 총독부

發生함.

43 성주현, 「1910년대 조선에서의 일본불교 포교활동과 성격」, 『일제의 식민지 지배정책과 매일신보 1910년대』, 수요역사연구회 편, 두리미디어, 2005, p.160.
44 동산과 용성이 나눈 대화를 통해 출가 결심을 한 배경을 어느 정도 짐작할 수 있다. 동산이 22세 때 용성이 물었다. "상처와 종기가 든 육신의 병은 의사가 고친다 하지만, 더 큰 고통을 가져다주는 마음의 병은 어찌하겠는가?" 이에 동산은 말문이 막혀 아무런 말을 하지 못했다. 지금까지 미치지 못한 생각이었기 때문이다. 그러나 수많은 사람들이 마음의 병을 앓고 있음을 부인할 수 없는 일이었다. '마음의 병'은 어찌해야 하는가. 이것은 동산의 화두가 되었다고 한다.

의학전문학교를 졸업하고 10월 은사인 용성의 지시로 금정산 범어사로
출가하였다.[45]

동규가 용성을 친견하여 출가를 결심하게 되었던 동기에 대하여서는
구체적으로 알 길이 없지만, 당시 조선의 사회적 분위기가 출가 결심에
큰 영향을 주었을 것으로 짐작된다. 동규가 용성의 문하에 출가하였다
는 사실은 범어사 동계록에 다음과 같이 기록되어 있다.

1913년(계축년 24세) 범어사에 유전하고 있는 동계록同戒錄에 의하면,
세존응화世尊應化 2940년(서기 1913), 계축癸丑 3월 15일
제7회 금강계단金剛戒壇
삼화상三和尙
전계대화상傳戒大和尙 성월일전惺月一全
갈마아사리羯摩阿闍梨 송월임수松月臨水
교수아사리敎授阿闍梨 도봉본연道峰本然
이하에 칠존증사七尊證師 스님들과 유나維那와 인례引禮가 소개되고
비구동계比丘同戒 제7단에 큰스님의 법명인 혜일이 기록되어 있다.
이것은 다른 기록들과 모두 일치한다. 큰스님은 이와 같이 만물이
소생하는 춘삼월 보름에 선찰대본산 범어사 금강계단에서 용성 스님을
은사로 하고 성월 화상을 계사로 하여 수계하였으니 법명은 혜일이고,
법호는 동산이다. 스님은 다행히 수계하던 해에 대승경전부터 수학할
수 있게 되어서 불법에 숙명적인 인연이 있음을 가슴으로 깊이 느낀다.

45 동산문도회, 앞의 책, p.404.

마침 여름안거가 시작되는 4월 15일부터 범어사 강원에서 『능엄경』을 수학하였던 것이다.[46]

동산은 범어사에 출가하여 새로운 불교사상을 접하고, 의학 연구 대신에 불교학을 연구하는 것에 만족하였다고 한다. 동산은 범어사에 출가한 이후에 의학도로서의 역할을 버리고 불교사상을 통해 인간의 병을 치유하려고 하였다. 동산이 범어사에서 학습했다고 하는 불교경전의 목록에 의하면 『능엄경』을 학습하였다고 하는데, 이는 당시의 불교계 강당에서의 교과목을 연구하는 데 중요한 자료라고 할 수 있다. 불교경전의 학습은 당시로서는 최고의 학문을 공부하는 것에 다름아니었다.

제2절 동산의 사상 형성

1. 동산의 불교사상 형성

동산이 범어사에 출가하여 용성의 문하에서 학습을 하였으나 1913년에 용성은 범어사에 거주하지 못했다. 용성이 범어사에 거주할 수 없었던 정확한 까닭은 알 수 없으나 범어사에 용성을 수용할 수 있는 위치를 마련하지 못했던 것 같다. 비록 용성이 범어사에 거주하지 않았지만 동산은 1913년 3월 15일에 범어사 강원에서 경전을 이수하였다.

불교경전을 이수한 동산은 용성 스승이 정진하고 있는 장성 백양사

---

46 동산문도회, 앞의 책, p.355.

운문암으로 은사를 친견하러 갔다. 마침 운문암에는 운수납자들이
용맹 정진하고 있었다. 그러한 사정 때문에 용성은 운문암에서 동산과
같이 수행할 수 없다고 판단하였다. 그래서 평소에 알고 지내던 한암이
수행하고 있는 함경도 우두암牛頭庵으로 동산을 보냈다. 동산이 우두암
에서 한암 선사에게 불교경전을 배우고 있던 시기에 조선불교선교양종
30본산에서도 경성에 중앙학림을 개설하였다.

본산 주지들이 불교계 사안들을 협의할 수 있는 협의체를 구성하기
위하여 1912년 6월 17일 30본산 주지회의를 열었다. 17개 본산 주지와
7개 본산 주지대리, 원종 종무원의 임원진들이 참석한 자리에서 원종
종무원을 해산하고, 종명宗名을 선교양종禪教兩宗으로 결정하였다.[47]

1912년 6월 17일에 원종이라는 종파를 해산하였다. 조선총독부에서
조선불교선교양종이라는 종명을 사용하게 하였다는 것을 알 수 있다.

조선불교선교양종 30본산 연합사무소는 강학을 위해서 경성에 중앙학
림을 두고 각 본사에 지방학림을 둘 것을 결정하였다. 포교 사업은
각 본사에서 임명한 포교사가 경성의 30본산 연합사무소에 거주하면서
담당하도록 하였다. 포교 방법은 주지회의에서 결정하도록 하였다.
포교에 필요한 경비는 담임 사찰에서 부담토록 하였다.[48]

---

47 『영축총림 통도사 근현대불교사, 구하·경봉·월하·벽안, 대종사를 중심으로』(상
권), 대한불교조계종 영축총림 통도사, 2010, p.46.

48 김순석, 『조선총독부의 불교 정책과 불교계의 대응』, 고려대학교 대학원 사학과

조선불교선교양종 30본산에서는 중앙에 불교학림을 개설하고 지방
에도 지방학림을 개설할 수 있는 결의를 하였다. 불교경전 교육을
위하여 중앙을 비롯하여 지방에 있는 본사마다 강원을 개설하기도
했던 것 같다. 스승을 시봉하지 못하고 우두암으로 떠난 동산은 한암에
게서 사교四敎[49]와 선에 대해 2년간 배운 뒤 다시 출가본사인 범어사로
내려갔다. 범어사로 돌아올 때에 동산은 27세(1916)였다. 당시 동산은
불교학문으로 충만해 있었다. 동산이 불교경전을 배우고 있던 시기에
조선불교선교양종 30본산에서는 승려들의 직급에 대한 논의가 있었다.

조선에 있는 승계 휘호徽號, 즉 법계 명칭은 사寺에 의하여 특수한
칭호를 설한 것이 불무하나 최最히 보통이요. 또 보편적인 것은 다음과
같음. 선종은 대선大禪·중덕中德·선사禪師·대선사大禪師로 하고, 교
종은 대선大禪·중덕中德·대덕大德·대사大師로 함. 양종이 다 중덕의
법계를 유有하는 자로써 일사一寺 주지의 후보자 될 자격이 있음으로
하고 예조에 천망薦望을 신고함에는 이 자격자 중에서 3명을 들어
차정差定을 청함을 예로 하고 예조 폐지 후는 내무부에서 주지 임명하는
일을 주관하였으나 인물을 전의詮議함에 고古와 같이 상당한 주의를
한 형적은 금일에 이를 상지詳知키 불능한 고로 사찰령 시행하는 금일에
장래 승풍을 이정하고 종강宗綱을 확장하여 호법 자치할 임무를 완전히
이행코자 하면 모름지기 사법의 제정에 신중한 고려를 비費하고 면밀히

박사학위 논문, 2001, p.44.
[49] 사집과는 『書狀』·『都序』·『禪要』·『節要』, 사교과는 『능엄경』·『기신론』·『금강경』·
『원각경』, 대교과는 『화엄경』.

주의를 가하여 시기에 순응할 법규를 설함에 노력치 아니하면 불가함.
이는 승려의 영고榮枯 사찰의 성쇠를 좌우로 하는 강기綱紀가 되는
까닭이다.[50]

조선불교선교양종 30본사는 조선에 파송된 일본불교계의 후원이
있지 않고서는 발전할 수 없다고 보았다. 이때 동산이 우두암에서
불교경전을 2년간 배우고 범어사로 내려온 것이다. 마침 범어사에서도
불교학림이 개설되어 『화엄경』을 강의하고 있어 동산은 『화엄경』 반에
들어가 영명永明 강백으로부터 배웠다.

한암에게 사교와 선에 대해 많은 것을 배운 뒤 다시 남쪽으로 내려와서
출가본사인 범어사에 돌아오니 마침 영명永明 대강백大講伯이 계셔서
대교과인 『화엄경』을 수학하게 되었다. 대교과를 2년 동안 철저히
공부하여 이듬해인 정사년(191/)에 수료하였다.[51]

동산은 출가하여 범어사의 전통강원에서 대교과를 학습한다는 것은
대단한 인연이라고 생각했다. 이러한 생각 때문에 동산은 명진학교에
가지 않고 전통강원인 범어사에서 대교과를 이수하고 범어사 금어선원
에서 정진을 하게 되었다. 선원에서 선을 수행한다는 것은 스승이자
선사였던 용성 및 한암 선사처럼 선禪 수행을 실천하기 위함이었다.

---

50 대한불교조계종 총무원, 『일제시대 불교 정책과 현황』(상), 조선총독부관보 불교
  관련자료집(2001), p.122.
51 동산문도회, 앞의 책, pp.356~357.

범어사의 영명 대강백에게서 대교과를 수료하신 뒤 범어사 선원에 올라가서 선정을 닦는 일에 매진邁進하였다. 일찍이 용성으로부터 선정을 익히는 일이 불교수행에서 무엇보다도 중요함을 배웠다. 그래서 경학經學을 익히는 한편 꾸준히 병행하여 오던 참선 공부를 이제는 전심전력全心全力을 다해서 용맹 정진에 들어갔던 것이다.[52]

출가본사인 범어사에 온 동산은 대교과를 수료하고 본래 가졌던 출가의 정신을 실천할 수 있는 방법을 찾고 있었다. 동산은 스승인 용성이 실천하려고 하였던 선 수행법을 실천·실현할 수 있는 방법과 토대를 마련해야 했다.

1914년 30본산 주지회의원의 결의에 따라 불교사범을 개편하고 전문학교로서 불교고등강숙佛敎高等講塾을 설립하여 박한영을 강사로 선임하였다.[53]

동산이 불교학을 수학하는 데 있어서 개화기 조선의 시대적 상황은 그리 좋지 않았다. 동산이 불교학을 학습하던 범어사도 교육도량으로서는 완벽하지 못했다. 불교학을 학습한다고 하여도 강원, 선원, 율원이 정착하지 못했고 조선 전 지역의 각 사찰 역시 불교교육 기관이 정상적이지 못했다. 불교에 입문하는 이들에게 불교경전을 가르쳐야 함에도 불구하고 실상은 그렇지 못했다. 그 때문에 범어사 전통강원에

---

52 동산문도회, 앞의 책, p.357.
53 대한불교조계종 교육원 불학연구소(2005), 앞의 책, p.70.

서 대교과를 이수한 동산은 선 수행에 전념하고 있었다.

전통강원은 신학문에 밀려 쇠퇴일로에 있었지만 선원은 경허, 용성의
선풍 진작 이후 점차 늘어나게 되었다. 1910년까지 창설된 선원은
해인사의 퇴설당 선원을 비롯하여 40여 개로 추정되며, 1913년에는
72개의 선원으로 증가하였던 것이다.[54]

조선불교는 1910년을 기점으로 1913년까지 전국에 선원이 개설되어
72개로 늘어났다고 한다. 이러한 선원의 개설에는 특히 선승들의 역할
이 컸다. 경허, 용성, 한암 등 선사들이 선 수행을 통해 조선불교를
회복하고자 하였던 것을 알 수 있다. 조선불교선교양종 31본산 연합사
무소에서는 금강계단을 설치하였다. 금강계단을 설치한 데는 승가의
기본 질서를 바로 세우기 위한 조선불교선교양종 본부의 하달이 있었기
때문이다. 개화기 이후 조선불교계에서 금강계단을 설치하였다는 것
은 조선불교선교양종의 새로운 변화이기도 하다. 개화기 이후 통도사
만이 금강계단을 설치하여 비구계를 설했는데, 전국적으로 금강계단
을 설치하여 계를 준 것은 조선불교계의 새로운 발전이었다.
　조선불교선교양종 31본산은 조선불교계에 속한 모든 승려들이 비구
계단을 설치하여 금강계단에서 비구수계를 받아야 한다고 했다. 당연
히 선을 중심에 두고 정진하고 있는 조선임제종에 속한 모든 승려들에게
도 구족계를 받도록 했어야 했다. 그러나 조선임제종에 속한 승려들은

---

54 대한불교조계종 교육원, 불학연구소(2005), 앞의 책, p.70.

비구계단을 설치하지 못했다. 그 이유는 금강계단을 설치하여 비구계
를 설할 수 있는 자격을 갖춘 율사가 없었기 때문이었다.

2. 동산의 민족사상 형성

동산은 용성 문하에 출가하여 불교학뿐만 아니라 선학에도 전념하였
다. 동산의 나이 30세(승랍 6세) 때인 1919년 조선에서는 민족운동이
전국적으로 들불처럼 일어났다.

> 만해 한용운 대사의 주선으로 기미년 3월 1일 독립운동 대표 33인으로
> 제1번 서명에 천도교 대표 손병희 교주, 제2번 서명에 기독교 장로회
> 대표 길선주 목사, 제3번 서명에 기독교 감리교파 대표 이필주 목사,
> 제4번 서명에 불교계 대표로 백용성 대종사가 서명했다.[55]

> 1919년 3월 1일 조선독립선언을 하려고 할 때에 서명을 하였던
> 인사들이다. 불교계의 고승들을 참여시키려고 하였으나 시간이 촉박
> 하여 참여하지 못했다.

> 한용운은 민족대표를 지정할 때 박한영, 진진응, 도진호, 오성월 등을
> 참여시키기로 하였다. 하지만 이들은 전보와 전화가 닿지 않는 산속에
> 머물고 있어서 연락이 닿지 않았다. 마침 해인사에서 머물고 있는
> 백용성이 서울에 와 있어서 동의를 구했고 그런 탓으로 천도교, 기독교
> 와 달리 불교계는 두 사람만이 참여하게 되었다.[56]

---

55 「용성진종조사연보」, 『죽림』 제230호, p.129.

1919년 3월 1일에 역사적인 선언을 하기에 이르는데, 그 준비를 하는 데 있어서는 불교계뿐만 아니라 다른 종교인들과의 관계에서 조직을 결행하는 일까지도 모두 만해가 책임을 다하고 있었다. 1919년 3월 1일 조선의 자주적인 독립선언이 나오기까지 만해의 역할이 아주 컸다.

이런 사정들을 거쳐 용성은 1919년 3월 1일 조선독립운동선언을 결행하는 장소에 참여하였다. 당시 조선불교계는 일본이 조선총독부를 통해 원종에 반대하고 조선불교선교양종에 참여하지 않은 조선임제종에 탄압을 가한 데 강한 저항심을 가지고 있었다. 당시의 조선 지식인들 역시 조선의 독립을 염원하며 일본에 저항하는 것을 최고의 지성으로 생각하고 있었다. 불교의 본래 모습은 깨달음으로써 문제를 해결하는 것이지만 대승보살의 정신이 있어야 깨달음을 얻을 수 있다.

용성과 만해가 경성에서 불교를 포교하려는 서원을 세우기도 했고, 뜻을 함께하여 1919년 3월 1일 조선독립선언에 동참하게 된 것은 우연한 일이 아니다. 용성과 만해는 조선이 자주적인 독립을 하지 않고서는 조선 민족의 역사를 지킬 수 없다고 판단하였다. 민족을 생각하는 승려가 되어야만 불타의 정신을 바로 실천할 수 있는데 조선불교선교양종 31본산에 속해 있는 주지들은 참여하지 않았다. 이에 대한 역사적인 의미와 평가를 올바르게 정립하는 것이 불교의 역사성을 바로 세우는 일이다.

불타의 바른 가르침은 민중을 위하고 민족을 위하는 실천성인데,

---

56 이이화, 『역사 속의 한국불교』(역사비평사, 2002), p.391.

민족을 구하려는 강한 의지를 보인 데에 용성과 만해의 의지가 있었다.
스승이 민족운동에 참여하는 것을 본 동산도 사회참여에 대한 필요성을
깨달았다. 불교 역시 사회의 변화에 참여할 때 제 역할을 할 수 있음을
동산은 깨달았다.

1919년 고종의 국상을 당하여 온 국민이 슬픔에 차 있을 때 세계의
사조는 변하여 미국 대통령 윌슨은 민족자결주의를 부르짖었다. 이때
를 놓치지 않고 손병희를 중심한 천도교 세력 및 이승훈을 중심한
기독교 세력이 힘을 규합하기 시작하였다.[57]

당시 조선불교선교양종 31본산 승려들은 일본불교의 제도적 불교
교단으로 승단을 재편하려고 하였다. 이미 조선불교선교양종 31본산
주지들은 자신들의 기득권을 누리려고 하였고 조선 민족에 대한 역사성
을 바르게 고찰할 수 없었다.[58] 실제로 당시 각 본사에서는 조선총독부의
명령에 복종하여 조선불교선교양종 31본산의 승려들 중 일부를 일본으
로 유학을 보냈는데, 점차 본사별 유학승 수가 늘어나고 있었다. 바로
이러한 시기에 용성의 제자들은 일본에 유학을 가지 않았고, 1919년
조선의 독립을 이루고자 하는 민족운동에 참여하게 되었다. 게다가
용성과 만해가 3·1운동에 참여하여 옥고를 치렀기 때문에 동산은

57 한보광, 『용성 선사 연구』(감로당, 1981), p.87.
58 조선불교선교양종 31본산 주지들은 조선총독부의 혜택을 받고 있던 관계로 애국운
동이나 민족운동에 관여하지 않았을 뿐만 아니라 조선총독부의 명령을 충실히
따르려고 하였다.

스승의 옥바라지를 하였고, 그 결과 자연스럽게 용성의 불교실천사상을 따르게 되었다. 그 경험이 동산에게 미친 영향을 크게 두 가지 정도로 요약할 수 있다.

첫째, 동산은 1919년 3·1운동에 가담하여 감옥에 갇힌 이들과의 옥중면회를 통해 용성을 비롯한 애국지사들의 민족사상을 이해하고 성찰할 수 있었다. 특히 일본이 조선을 강점하고 조선 민족의 정신을 일본인의 사상으로 개조하려는 데 대한 거부의 움직임을 알았다.

둘째, 동산은 조선불교를 바르게 성찰할 수 있는 역사성과 불교정신이 어떠한 것인지를 용성을 통해 알게 되었다. 또한 용성이 이루고자 하였던 불교사상과 불교실천이 무엇인지를 성찰하면서, 동산은 용성의 민족주의사상을 더 깊이 이해하게 되었다. 이는 동산이 용성을 통해 출가수행자로서의 방향을 정하고 있었음을 의미한다.

3. 동산의 선 수행 정진

동산은 1921년 4월 15일 오대산 상원사에서 여름 결제에 들어갔다. 여름을 보낸 동산은 자신이 실현할 수 있는 것이 무엇인가를 성찰하기에 이른다. 동산은 출가한 지 8년이 되는 해, 상원사 선원에서 다른 도반들과 정진 수행했다. 동산이 간화선 수행법을 택하게 된 것은 그 시대적인 분위기에 따른 것이었다. 즉 그는 조선불교의 전통을 간화선에 두고, 그 수행법을 실천하려는 정진에 임한 것이다. 간화선은 화두를 타파하는 정진이고, 화두를 타파하여 얻는 것이 바로 자아 자각인데, 이러한 선불교 실천운동이 오대산에서부터 일어나고 있었다.

마음을 바로 보아 깨닫는 것이 선이다. 직지인심直旨人心, 견성성불

見性成佛은 이런 도리를 잘 보여준다. 선은 모든 언어와 문자를 떠나 있다. 이것이 불립문자不立文字이다. 즉 진정한 불법은 경전으로도 담을 수 없다. 경전 언어를 뛰어넘어 진정한 깨달음의 세계로 내닫는 견성성불의 실천행이 바로 선이다. 동산은 용성 스승의 옥바라지를 끝낸 이후에 불교의 전통적인 선 수행을 목적으로 철저히 정진에 임했다.

온 나라가 그 많은 희생을 치르고도 나라의 독립은 이루어지지 않고 스승님마저 옥고를 3년이나 치렀으니 그 옥바라지를 하는 동안 얼마나 많은 분심憤心이 일어났겠는가? 이러한 상황들이 스님으로 하여금 공부에 더욱 구발심舊發心을 일게 하였던 것이다. 스님은 하안거 동안 줄곧 장좌불와長坐不臥와 용맹정진勇猛精進으로 일관하였다.[59]

동산은 상원사에서 정진을 끝내고 금강산 마하연 선원으로 가서 동안거 결제에 임했다. 금강산 마하연 선원을 찾아간 것은 역대 선승들이 실천했던 수행을 실천하기 위함이었다.

간화선은 우리 선종의 주된 참선법이다. 직지인심, 견성성불의 선종은 달마 스님이 서역으로부터 와서 소림석굴에서 면벽한 이래로 중국적인 토양에 그 뿌리를 내리기 시작한 것이지만, 그 연원은 석가세존과 제1조 가섭존자로부터 흐르기 시작한다. 서천 4·7과 동토 2·3의 삽삼조사卅三祖師를 거쳐 제33대인 동토 6조 혜능에 와서 남종선의 돈오견

---

59 동산문도회, 앞의 책, p.359.

성법頓悟見性法은 큰 꽃을 발화하였다.[60]

동산은 화두선에 대하여 알고 있었고 이미 한암과 용성에 의하여 선 수행법을 익혔다.

동산은 금강산 마하연 선원에서 겨울 결제를 마치시고 다시 속리산 복천암으로 옮겨서 하안거를 하였다. 그리고는 가을에 또 태백산 각화사에 오셔서 동안거를 성만하였다. 세상은 어지럽고 할 일은 많았으나 동산은 오직 정진, 정진만이 그 모든 난제들을 해결할 수 있다고 가슴속에 굳게굳게 다지었던 있었다.[61]

동산은 출가하여 자신이 얻고자 하였던 목적이 무엇인가를 스스로 깨달았다. 처음 출가할 때의 그 정신을 잃지 않으려고 경허, 한암, 용성 등 간화선 수행자들이 실천하고 있는 수행을 그대로 실천하고 있었다.

용성은 만주 연길 근처의 명월촌과 영봉촌에 70여 정보의 토지를 매입하여, 독립운동에 가담한 가족과 일제의 등쌀에 고향을 빼앗기고 북간도로 이주한 동포들에게 무상으로 경작하도록 하였다. 그리고 대각교의 교당도 건립하고『금강경』,『능엄경』,『선문촬요』등의 번역과『수심정

---

60 원웅,『간화선-선종 돈법사상의 바른 이해-』(장경각, 2005), p.136.
61 용성 스님은 만주 연길 근처의 명월촌과 영봉촌에 70여 정보의 토지를 매입하여 독립운동가들을 돕는 운동을 시작하였다. 동산문도회, 앞의 책, pp.359~360.

로修心正路』탈고 등 경전 번역에 특별한 정성을 쏟으셨다.[62]

동산은 선수행자들이 실천했던 간화선 수행의 목표를 설정하고 수행 정진을 계속 이어갔다.

동산 34세, 1923년 계해년 봄 스님은 태백산에서 내려오는 길에 출가본 사인 범어사로 와서 3월 불사를 참관하고, 그리고 이 해 4월 보름에는 함양 백운암에서 결제에 들어갔다.[63]

1923년 34세 때 동산은 출가본사인 범어사에 잠시 머물며 용성의 선 수행법을 실천하고 제방 선지식들과 함께할 수 있는 힘을 얻었던 것 같다.

동산이 정진하고 있는 동안 1924년 4월 28일에는 스승이신 용성은 서울 대각사에 주석하고 있었는데, 이때 용성의 왼쪽 치아에서 사리 1과가 나와서 불교계에 큰 화제가 되었다. 또 6월 15일에는 『원각경』을 번역 간행하였고 박한영과 월간 『불일佛日』 지誌를 창간하여 축하법회, 창간법회로 인하여 제자인 동산이 참여해야 할 일이 많았으나 정진에 마음을 쏟고 있을 때라 서울 근처를 아예 가지 않았다. 정진에 그토록 철저하여 승려가 된 그날부터 동산의 수행일과는 너무나 철저하기로 소문이 나 있었다. 예불 시간이 되면 누구보다도 먼저 법의를 입고

---

62 동산문도회, 앞의 책, p.360.
63 동산문도회, 앞의 책, p.360.

나오셔서 부엌의 조왕단竈王壇에서부터 시작하여 칠성단七星壇, 산신단山神壇에 이르기까지 법당이라는 법당은 하나도 빠뜨리지 않으며, 아침과 저녁 그리고 사시巳時까지 예불에 근행勤行하신 것은 어느 누구도 따를 이가 없었던 것은 너무도 잘 알려진 일이다.[64]

동산은 간화선을 수행하는 데 있어서 철저히 자신의 육신을 통해 자비심을 보여주어야 했다. 자비심이 없으면 정진에 대하여서도 무의미하다는 관점에서 수행에 임하였다. 물론 외적인 측면에서 용성과 확연한 차이를 보여 스승과 다른 삶을 산 것처럼 보인다. 하지만 수행을 통해 확고한 깨달음을 얻고 이를 바탕으로 불교 내외적인 활동을 전개한다는 측면에서는 용성과 동산은 차이가 없다. 게다가 동산은 용성의 불교학에 버금가는 학덕을 쌓았다. 동산은 용성의 불교사상을 전할수 있는 인물로 성장했다. 동산은 선학원에서 개최되었던 전국수좌대회를 통해 전국 수좌들의 지도자로 등장하였다. 실제로 1936년에 동산은 봉정암에서 간화선 탐구에 전념하고 있었다.

동산이 봉정암에서 간화선을 탐구한 것은 바로 선종사를 학습함으로써 임제종 계통의 선불교를 전승하려고 하였던 용성의 선행을 전승하기 위해서였다. 그 후에도 동산은 여름안거를 태백산 정암사에서 수행하였는데 모범적인 모습으로 수행을 하였다고 전해진다. 특별히 사원의 정리, 사원의 관리를 잘하였다. 사찰 관리를 잘해서 당시 정암사는 청정한 도량이 되었다. 동산은 정암사에서 정진을 끝내고 해인사로

---

64 동산문도회, 앞의 책, p.361.

가서 조실로 추대되었다. 해인사의 조실이 된 것은 선승의 대열에 섰다는 것을 말해준다는 점에서 매우 중요하다. 더욱이 해인사는 용성이 입산한 곳이기에 더욱더 애착이 있던 사찰이다. 실제로 동산은 용성의 법을 수지하기 위하여 철저한 수행을 연마하였다.

당시 출가자들은 원종과 임제종을 인정하지 않는 조선총독부에서 지정한 조선불교선교양종이라는 종명을 수지해야 했지만, 용성이 조선불교선교양종의 종지를 인정하지 않고 경허·한암과 함께 선종의 종지를 택하고 있기에 동산도 스승의 법을 전승하기로 결심하였다. 1936년에 동산은 용성의 계맥과 조선불교의 법을 전승하였다. 계맥을 전수받았다는 것은 조계종의 계맥을 전할 수 있는 지위를 얻는다는 의미를 가지고 있었고, 계맥을 전수받아 조계종의 정체성을 회복할 수 있었다. 특히 조계종의 전법인 금강계단의 법을 전수받아야 법을 받을 수 있었다. 전법계를 받았다는 것은 용성의 법을 받은 것이며 용성의 불교사상이 모두 동산에게 전해졌음을 뜻한다.

결국 동산은 출가하여 47세에 이르러서야 용성의 법을 전수받았다. 1930년 41세가 되던 해부터 계단에 참석하여 때로는 교수화상으로, 때로는 갈마아사리羯摩阿闍梨로 활약해 오다가 용성으로부터 동국의 계맥으로 지리산 칠불계맥을 전수받았다. 용성이 내려준 그 전계증[65]에는 다음과 같이 기록되어 있다.

내가 이제 전하는 바의 계맥戒脉은 조선조의 순조 때 지리산 칠불선원에

---

65 동산문도회, 앞의 책, pp.370~371. 한글 번역은 이지관, 『한국불교 계율전통』, 가산불교문화연구원, 2005, p.246.

62

서 대은 율사가 『범망경』에서 말씀하신 천 리 내에 계를 전해줄 법사가
없을 경우 불전에서 서상(瑞相, 상서로운 조짐) 수계하라는 것을 의지하
여 부처님께 청정한 계를 받고자 서원을 세우고 7일 기도 중 한 줄기
서광이 대은 율사의 정수리에 관주(灌注, 물이 흘러 들어감)하는 서상을
얻고 불계를 받은 후 금담 율사에 전하였고, 금담 율사는 초의 율사에게
전하였으며, 초의 율사는 범해 율사에게 전하였고, 범해 율사는 선곡
율사에게 전하였으며, 선곡 율사께서 용성에게 전해주셨으니, 이는
해동의 화엄 초조인 원효 대사가 전하신 대교의 그물을 펴서 인천人天의
고기를 걸러 올리는 보인寶印으로서 계맥을 삼았으니 정법안장正法眼
藏인 정전正傳의 신표信表와 함께 동산혜일에게 전하노니, 동산은 굳이
이를 호지하여 정법안장의 혜명으로 하여금 단절됨이 없도록 해서
부처님의 정법正法과 더불어 이 계맥이 영원무궁토록 할지어다.

세존응화 2963(불기 2478)·병자(1936) 11월 18일
용성진종 위증
동산혜일 수지[66]

용성이 수여받았던 금강계단의 계맥은 대은 율사의 계맥인 반면에,
동산은 만하승림 율사와 대은 칠불의 금강계단인 서상율의 계맥을

---

66 吾今所傳戒脉 朝鮮智異山七佛禪院 大隱和尙 依梵網經 誓受諸佛淨戒 七日祈禱一
道祥光注于大隱頂上 親受佛戒後 傳于錦潭律師 傳于梵海律師 傳于草衣律師 傳
于禪谷律師 傳至于吾代 將次海東初祖所傳張大敎網漉人天之魚之寶印 以爲戒脉
與正法眼藏正傳之信 懇懃付與東山慧日 汝善自護持 令不斷絶 與如來正法住世無
窮. 世尊應化 二九六三年 丙子 十一月 十八日 龍城震種 爲證 東山慧日 受持.
동산문도회, 앞의 책, pp.370~371.

동시에 전수받았다. 용성으로부터 전법계를 수지한 동산은 불교 승려에게나 보살에게 계를 내려주는 금강계단의 법을 전하는 법주가 되었다. 그리고 동산의 나이 48세(1937) 때에는 해인사 조실로 추대되었는데, 조실이 된다는 것은 후학들을 지도할 수 있는 능력이 있음을 증명한다. 동산은 용성으로부터 임제종 사상을 전수받았으나 만해는 자신이 실행하고자 하였던 조선불교 개혁사상을 후학에게 전하지 못하였다. 또한 용성이 이룩하지 못했던 조선불교 종단의 개혁은 동산에 의하여 가능하였다.

1937년 동산은 용성으로부터 전계증에 명기되어 있는 대로 계맥과 정법안장 신표인 보인을 전수받고 해인사의 조실로 추대되었다.[67]

이렇듯 한국불교의 정통성은 이제 완전히 용성에서 동산으로 이어졌다. 그리고 사상적으로는 『금강경』·『범망경』, 계단법으로는 금강계법의 체계와 선禪에서 말하는 간화선의 체계가 동산에 이르러 정착되었다. 또한 경·율·론 삼장의 체계가 동산 시대에 완성되었다.

---

67 동산은 1937년 48세 때에 해인사 조실로 추대되었다. 출가한 이후에 해인사의 조실로 추대되었다는 것은 동산에게 선지가 있었음을 입증한다. 해인사의 조실이 되려면 그만큼 불교의 이론에 해박해야 했다. 동산문도회, 앞의 책, p.374.

제3장 정화운동 이전, 동산의 실천 활동

제1절 동산의 전통 계승 활동

1. 동산의 직지사 정혜결사

전국 선원을 순행하던 동산은 잠시 선 수행을 멈추고 고려시대 보조의
정혜결사[68]나 백련사 요세의 보현결사와 같은 결사수행을 실천하고자
하였다. 불교를 바르게 실천하고 수행하기 위하여서는 용성이 실현하
고자 하였던 수행결사의 정신이 필요하다고 생각하였기 때문이다.

---

[68] 지눌의 정혜결사운동은 팔공산 거조암에서 점화되어 조계산 수선사로 장소를
옮기면서부터 본격화되었으며, 이 결사운동의 기본적 이론인 정혜쌍수는 하택신
회의 공적지空寂知와 그 뜻을 개진하고 있는 규봉종밀(780~841)의 돈오점수설에
입각해 있다. 즉 지눌은 전통적인 선종에서 볼 때 방계라고 할 하택과 그를
조술祖述하고 있는 화엄승 종밀의 사상을 과감하게 수용하여 정혜결사의 사상적
이념으로 삼고 있는 것이다. 권기종, 「고려후기의 선사상 연구」, 동국대학교
대학원 박사학위 논문, 1986, p.32.

실제로 동산은 백련사 요세의 보현결사를 자신의 수행 목표로 삼기도 했다.

일본은 조선 승려들을 일본으로 유학 보내는 문제를 거론하기 시작하며 1914년에 조선 승려들을 일본으로 파송하였다. 1914년 1월 13일 선교양종 30본산 주지들이 구 원흥사에서 제3회 총회를 개최하여 구 원흥사에 고등불교강숙高等佛教講塾을 설립하기로 결의하였다. 30본사는 박한영을 숙사塾師로 하고 유학생을 1인 또는 2인씩 보내 청강하게 했지만 1년도 되지 않아서 여러 가지 일 때문에 흩어져 돌아갔다. 이 해에 조선 승려로서 일본에 유학한 사람은 모두 13인으로 건봉사의 이지광, 용주사의 김정해, 장안사의 이혼성, 쌍계사의 정황진 등은 모두 동경東京의 조동종대학에 입학하였다. 해인사의 조학유曹學乳는 진언종眞言宗의 풍산대학에 입학하였다. 옥천사의 이종천李鍾天은 동양대학東洋大學, 범어사의 김도원金道源은 일본대학日本大學에, 나머지는 모두 서경西京의 임제종대학臨濟宗大學에[69] 유학을 갔다. 이들은 일본에 유학한 최초의 조선 승려들이라고 말할 수 있다.

일제 강점기 각 사찰에서 파견한 유학생은 360명 정도로 파악된다.[70] 이 중 단일 사찰로서 가장 많은 인원을 차지하고 있는 것이 통도사 출신이다. 물론 명단에는 사찰 공비생公費生뿐만 아니라 사비생私費生, 고학생의 경우도 포함된 것이다. 이를 감안하더라도 많은 유학생을

---

69 이능화 역주, 『조선불교통사 2』(상편) 불화시처 2 조선, 동국대학교 출판부, 2010, p.589.

70 일제 강점기 사찰별 일본 유학생 수.

배출한 사찰들은 당시 막강한 사세를 말한다.[71]

각 본사에서는 유학생을 선발하여 일본에 보냈는데, 범어사 출신인 동산이 직지사에 결사를 행하고자 하였던 이유 중의 하나는 전국의 사찰들이 조선불교의 모습이 아니라 일본불교계의 모습으로 전환되어

순위	사찰	유학생 수	비율
1	통도사	33	9.2
2	조선불교단	31	8.6
3	송광사	22	6.1
4	유점사	20	5.6
5	건봉사	19	5.3
6	범어사	18	5
7	석왕사	16	4.4
8	보현사	13	3.6
9	옥천사	11	2.8
10	월정사	10	2.8
10	해인사	10	2.8
12	은해사	8	2.2
13	천은사	6	1.7
14	대흥사	5	1.4
14	화엄사	5	1.4
14	백양사	5	1.4

1937년 9월 27일 해인사에서 유학생에 대한 감독 규정을 제정한 이후로 보아야 한다.

71 『영축총림 통도사 근현대불교사, 구하·경봉·월하·벽안 대종사를 중심으로』(상권), 대한불교조계종 영축총림 통도사, 2010, p.185.

가고 있다는 인식에서 비롯되었다. 일본은 조선불교계를 일본의 통치적 차원에서 관리를 하였다. 이런 맥락에서 보면 조선불교의 정통성, 다시 말해서 비구 승단이라는 역사성을 무시하고 일본불교계의 교단 형태로 교단을 재편하였다. 이로 인해 조선불교계의 독신승이라는 제도가 위협받았던 시기였다. 조선총독부에서는 주지 직책에 명시되어 있는 비구승에 대한 문구를 삭제하는 개정안을 발표하였다.

사법寺法에서 비구승 조항의 삭제는 조선불교계 일각에서 제기되었던 문제 가운데 하나였다. 이러한 자발적 요구와 세속적 욕망과 대세를 거부할 수 있는 불교조직이 없었기에 때문에 비구승 조항 삭제의 사법개정이 관철될 수 있었다.[72]

결국 1926년에 조선총독부는 사법을 개정하여 비구승 조항을 삭제하였다. 조선 승려들에게 대처, 육식을 허락하고 본말사 주지의 피선거 자격 가운데 비구계 구족이라는 조건을 철폐하기로 결정하였다. 동산이 결사에 주목한 것은 그의 불교사상이 불교의 정통성을 지향하는 선 중심의 전통주의적 수행 방법을 택하였기 때문이다. 즉 선 수행을 통해 사회적 실천에 앞서 실천의 기반이 되는 사상을 불교 내부에서 찾고 이를 학습 실천하고자 동산은 결사를 선택한 것이다. 이러한 결사는 용성의 영향으로서 조선불교를 회복하려는 운동이기도 하였다.

---

72 한동민, 「'사찰령 체제하 본산제도 연구」, 중앙대학교 대학원 사학과 한국사전공 박사학위 논문, 2005, p.92.

전국의 선원을 돌면서 한 철씩 정진하시다가 이 해 4월 보름부터는 김천 직지사에서 3년 결사를 시작하였다. 일본이 나라를 빼앗아 그들의 식민지 정책은 날로 심해가는 와중에서 우국지사들은 각각의 분야에서 나라를 되찾으려는 운동을 활발히 전개하고 국민들의 독립의식을 고취시키고 있었다. 동산 선사는 당시의 혼란스런 세상사를 가슴에 묻어 둔 채 오직 정진에만 아픈 채찍을 무섭게 내려치고 있었다.[73]

동산은 출가수행자로서 일본에 유학하지 않고 직지사에서 3년간 정혜결사를 결행하였다. 이는 앞에서 살펴본 바와 같이 일본에 의하여 조선불교가 억압당하고 있는 현실에 대한 저항의 의미도 지니고 있다. 당시 일본은 조선을 일본의 통치적 차원에서 관리하였다. 이런 맥락에서 일본은 조선불교의 전통성과 비구 승단의 역사성을 무시하고 일본불교의 교단 형태를 강제하였다. 이로 인해 독신승의 존재성이 위협받았고 조선불교는 그 역사성을 상실할 위기에 처해 있었다. 심지어 조선총독부는 주지 직책에 명시되어 있는 비구승에 대한 문구를 삭제하는 개정안을 발표하였다.

이러한 과정에서 동산의 3년 결사운동은 조선불교의 존재를 위하여 온몸으로 수행자의 모습을 지켜낸 저항의 몸부림이라고 말할 수 있으며, 경허와 용성의 결사정신을 실천한다는 의미도 지니고 있었다. 즉 동산은 조선총독부의 조선불교 억압에 저항한 실천적 선승이었다. 직지사에서의 3년 결사를 결행하는 동안 동산은 조선불교의 역사성을 전승하고자 하였으며, 불교의 바른 정법을 수행하는 것만이 정법을

73 동산문도회, 앞의 책, pp.362~363.

70

전승할 수 있다는 결사의 정신을 깨닫고, 불법을 바르게 전할 수 있는 정진을 대중들에게 보여주었다. 그러나 전국의 선원은 수행자들이 정진을 마음대로 행할 수 없는 상황으로 변해가고 있었다. 그 주된 요인은 사법을 개정함에 있어서 주지의 독단적인 행정으로 선원에 식량이 부족해졌기 때문이었다. 그 결과 조선에서 가장 선종의 전통을 자랑하는 금강산 마하연 선원이 폐쇄의 위기에 처하게 되었는데, 식량을 공급하기 힘들었던 것이 그 결정적인 이유였다. 이러한 조선불교의 위기는 바로 조선총독부가 조선 사찰에 대한 통제에 들어갔다는 것을 말하고 있다.

금강산 마하연은 원래 동국 제일선원의 칭稱이 있는 유수한 선방이었으나 식량 부족으로 폐쇄되었다가 경성 청용사의 홍상근洪祥根 비구니가 백미 200두, 유점사 주지 김일운金一雲이 605두를 헌납하여 안거가 가능해졌다.[74]

그 후 1926년 11월에는 금강산 마하연에서 선원을 다시 열어 전국의 수좌들이 마하연으로 결집하였다. 조선불교의 정신을 전승하기 위하여서는 선종의 역사성을 고찰하고 선종의 실천행을 수행하는 것이 또한 중요하다. 이렇게 볼 때 선원을 회복한다는 것은 조선불교의 정신적인 면을 찾고자 하는 운동에 대한 공감이 여전히 존재하고 있었음을 의미한다. 결국 이러한 대중적 공감에 기초하여 동산은 조선불교의

74 정광호, 「근대 한일 불교관계사 연구-일제의 식민지 정책과 관련하여-」, 경희대학교 대학원 박사학위 논문, 1989, p.142.

정통성을 계승하기 위한 결사운동을 결행하였던 것이다.

2. 동산의 백장선 수행

동산이 직지사에서 3년간의 결사를 하는 동안 조선불교는 동산의 운동
방향과는 달리 회복할 수 없는 타락에 빠져들고 있었다. 조선불교는
일본불교화로 인하여 자주적으로 일어날 수 없는 상황으로 전개되고
있었다. 직지사에서 3년간의 결사를 통해 자신에 대한 확신을 얻은
동산은 조선불교계에서 지도자의 위상을 갖는 범어사 선원의 조실이
되어 여름안거에 들어갔다. 그리고 범어사 선원에서 또다시 용맹 정진
을 하였다. 거기에서 동산은 백장의 노동선을 계승하여 대중들에게
노동하는 모습을 보였다.

동산은 1927년, 이 해 정월 보름 드디어 김천 직지사에서의 3년 결사를
마치고 4월에 금정산 범어사 선원으로 가서 여름안거에 들어갔다.
스님은 범어사에서 사실 때가 마침 여름이라 기호음식으로 상추쌈과
부릿대적을 특별히 좋아하신 것으로 소문이 났다. 물론 평소에도
좋아하였으나 이때부터 대중들의 눈에 크게 띈 것이다. 부릿대적이
있는 날이면 임시 방선放禪을 명하셨고 정기 식사까지 폐하시고 즐겨하
셨다.[75]

동산은 출가수행자로서의 역할을 할 수 있는 직지사 3년 결사를
통해 인정받았다. 그리고 범어사에 선풍의 기초를 다졌던 선승들의

75 동산문도회, 앞의 책, pp.363~365.

역사를 전승할 수 있는 토대를 마련했다. 이것은 바로 용성의 정신을 실천할 수 있는 역사성을 말해주고 있다. 범어사 금어선원에서 많은 대중들이 정진을 할 수 있도록 함으로써 범어사야말로 선찰 대본사라는 의미를 살리고 있었다.

특히 범어사에서 선승은 동산을 중심으로 발전할 수 있는 기틀을 마련했다. 동산은 전국의 선배 선승들은 물론이거니와 스승인 용성, 그리고 범어사 대중들의 신뢰를 얻었다. 실제로 일제의 압박에 의해 기득권 승려들과 그에 야합한 승려들이 일본불교화에 저항하지 못할 때, 동산은 결사행을 통해 전통불교 교리에 기반한 실천을 온몸으로 보여주었다. 이러한 실천행은 신뢰의 기반을 형성하였고, 이를 기반으로 동산은 자신의 불교사상을 전통주의적 방향으로 자리매김할 수 있었다. 나아가 이를 통해 용성의 민족주의적 불교사상의 계승이 가능하였다. 이는 다음의 일화를 통해 확인이 가능하다.

동산은 범어사 금어선원에서 정진하고 있을 때 선원 동쪽에 있는 대나무 숲을 평소에 유난히 좋아하여 방선放禪 시간이면 자주 그곳을 거닐었다고 한다. 정진 중 어느 날 방선 시간에 대나무 숲을 거닐다가 바람에 부딪치는 댓잎 소리를 들었다. 늘 듣는 소리건만 그날의 그 댓잎 소리는 유난히 달랐다. 실은 소리가 다른 것이 아니라 다르게 들렸던 것이다. 동산은 그 순간 활연히 마음이 열렸다. 그간의 무게는 순식간에 사라지고 만 것이다. 동산은 그 순간을 "서래밀지西來密旨가 안전眼前에 명명明明하였다"라고 하였다. 다음의 글[76]은 그때의 그 소식을 표현한 내용이다.

그리고 그린 것이 그 몇 해던가.

붓끝이 닿는 곳에 살아 있는 고양이로다.

하루 종일 창 앞에서 늘어지게 잠을 자고

밤이면 예전처럼 늙은 쥐를 잡는다.[77]

이 일화는 동산이 불교경전과 용성의 선지를 수용한 것의 의미를 말해주고 있다. 물론 용성의 선지에 대하여 성찰하고 있었던 것은 바로 조선불교를 회복하려는 의지심을 보여준 것이라 할 수 있다. 실제로 동산은 일본 식민지 시대에 조선불교의 지조를 지키기 위하여 조선불교화를 주장하였다. 동산은 깨달음에 대해서도 용성을 전승해야 한다는 신념을 가지고 있었다. 그것이 바로 전통적으로 내려오던 임제선에 대한 전승이다.

석가모니 부처님께서 중생을 제도하기 위해 이 세상에 출현하시어 45년간에 걸쳐 한량없는 법문을 설하셨으나, 그 핵심적인 지귀指歸는 오직 계로 말미암아 선정이 생겨나고, 선정을 바탕으로 지혜가 발생하여 마침내 무상정각을 이루게 할 뿐이다. 이러한 즉 발심하여 수행하려는 자는 누구를 막론하고 반드시 먼저 불계佛戒를 받아 수행의 근본을 삼지 않으면 안 된다.[78]

---

76 동산문도회, 앞의 책, p.365.

77 畵來畵去幾多年 筆頭落處活猫兒
   盡日窓前滿面睡 夜來依舊捉老鼠
   동산문도회, 앞의 책, pp.365~366.

78 이지관, 『한국불교 계율전통』, 가산불교문화연구원, 2005, p.139.

조선불교의 선맥을 전하는 선승의 의미를 성찰하기 위하여 동산은
게송을 용성에게 보여주었다.

의사의 꿈을 버리고 진리를 궁구窮究하여 출세간의 장부로서 중생들을
고해로부터 건지겠다는 원력을 세우고 전국의 선지식을 찾아 헤매인
지 어언 15년이 지나고서 이제사 그 쉴 곳을 찾은 것이다. 곧바로
용성 스님을 찾아가서 이 벅찬 사실을 말씀드렸다. 용성 스님은 흔연히
인가해 주시고 자신의 법맥이 사자상승師資相承됨을 크게 기뻐하시
었다.[79]

용성은 동산의 게송을 보고는 자신의 존재를 전승할 수 있다고 판단하
여 마치 불타와 가섭의 염화미소, 이심전심의 그러한 법을 전승하듯이
동산에게 전등 법을 전하는 것처럼 인가를 하였다. 일제 식민지 시대에
조선총독부는 일본불교 시찰이란 명목으로 조선의 승려들을 선발하여
일본불교를 시찰하도록 하였다.

송종헌宋宗憲(백양사 주지), 백경하白京霞(해인사 주지), 임석진林錫珍
(송광사 감무) 등 22명으로 대부분 중견 승려로 구성되어 있다. 이들은
일본불교의 성황을 시찰하는 것을 목적으로 파견되었고, 이후 조선불
교를 개조하고 승려의 지위 향상을 도모하려 하였다. 그러나 이 사찰단
의 파견은 그 이전의 경우(1907, 1909, 1917년의 시찰단)와 마찬가지로
일제의 정치적 배려에서 나온 일종의 포섭 공작으로 볼 수 있다.[80]

---

79 동산문도회, 앞의 책, p.366.

이러한 일제의 공작으로 인해 조선불교의 일본불교화는 거스를 수 없는 대세가 되어가고 있었다. 일본 유학승들에게 자주성을 기대하기는 어려웠다. 조선불교계는 조선총독부의 지시와 감독에 의해 일본불교 승단의 법계와 조직을 차용하기도 했다.

3. 동산의 범어사 금강계단 설치

조선불교선교양종의 이름으로 승려대회가 1929년 1월 3일부터 5일까지 각황사에서 열렸다. 승려대회를 통해 조선불교는 일본불교가 요구하는 방향으로 이행되었다. 조선불교는 일본에 아첨하는 권력의 시녀가 되었다. 물론 조선의 승려들 가운데 선을 표방하는 승려들이 자신의 자리를 찾기 위하여 대중들에게 참신성을 보여주는 기회도 되었다.

1929년(기사년 40세) 동산은 2년 전 댓잎 소리를 듣고 크게 깨달은 바가 있었으나 그것을 드러내지 않고 보임保任[81]을 위한 정진을 계속하였다. 범어사에 전해지고 있는 방어록防禦錄에 의하면, 40세가 되던 해의 동안거에 동산은 처음으로 조실이 되어 참선납자들을 제접提接하였다.[82]

---

80 정광호, 「근대 한일 불교관계사 연구−일제의 식민지 정책과 관련하여−」, 경희대학교 대학원 박사학위논문, 1989, pp.145~146.

81 保任이란 보호임지의 준말로서 자신의 깨달은 바를 잘 보호하고 깊이 간직한다는 뜻이다.

82 동산문도회, 앞의 책, pp.366~367.

동산은 이러한 모임을 통해 자신의 깨달음을 성찰하였고, 조선불교
를 새롭게 짊어지고 대를 이어가는 역할을 할 수 있다는 신념을 가졌다.
1930년대에는 용성으로부터 금강계단법을 전해 받지 않았던 관계로
범어사 금강계단에서 비구계나 보살계를 설할 수 없었고 교수화상敎授
和尙으로 참여하였다고 여겨진다. 근대 조선불교계에서는 금강계단법
에 대하여 상당히 엄격한 이론이 있었던 것 같다.

조선조 중기 특히 환성지안(1664~1729)의 순교 이후에는 율律뿐만
아니라 선·경·논·예 등 분야도 적막한 상태에 놓여 있었다. 이 상항
속에서 대은랑오(1780~1841) 스님이 계율 중흥을 서원하고 하동 쌍계
사 칠불암에서 7일 기도 끝에 일도상광一道祥光이 대은의 머리 위에
정주停住하는 서상수계瑞祥受戒를 감득感得하였다.[83]

이에 동산은 용성의 정신을 실천할 수 있는 토대를 마련했고, 용성의
정신을 실현하기 위하여 범어사에서 금강계단의 법을 실행할 수 있는
보살계를 설했다.

1930년(신미년 41세) 3월 15일에 동산이 범어사 금강계단에서 첫 보살
계를 설하였다는 기록이 있다. 이때는 아직 용성으로부터 전계를
받지 못하였던 시기이므로 아마 교수화상敎授和尙으로 계를 설하였다.
이 해의 범어사 하안거에도 역시 동산이 조실로서 납자들을 지도하였다

---

83 지관, 「韓國佛敎戒律傳統-韓國佛敎戒法傳承論」, 자운대율사 율풍선양 제1차
특별심포지움 자료집, 2005, p.12.

고 방어록은 전한다.[84]

금강계단에서 계단을 설치한다는 것은 부처님의 법을 전하려는 것이며, 비구·비구니를 탄생하게 한다는 의미이기도 하다. 물론 동산이 범어사에 금강계단을 설치하려고 한 의도는 용성의 건백서와 무관하지 않으며, 그러한 점에서 조선불교의 계맥을 다시금 회복하려는 운동이기도 하다. 동산은 범어사에 금강계단을 설치함으로써 용성의 금강계단법을 전수받을 수 있는 토대를 마련하였다. 실제로 용성은 조선불교를 위하여 불교를 개혁하지 않으면 안 된다고 생각하였다. 이러한 생각을 담아 용성은 동산에게 율을 전수하였다. 당시 동산은 선원에서 정진을 하였고 또한 용성으로부터 금강계단의 율을 전수받을 수 있는 준비를 하고 있었다. 동산의 계맥에 대한 전수는 용성으로부터 전해 받았던 것이므로 보살계 또한 용성으로부터의 계맥이다.

동산이 범어사 금강계단의 보살계를 설했던 의미는 특별하다. 동산이 금강계단에서 수계를 설할 수 있는 교수화상이 된 것은 조선불교를 개혁하려는 서원이 있었음을 짐작케 한다. 실제로 당시 일본불교화를 막고 조선불교를 개혁하려면 철저한 계율 중심의 조선불교로 전환하는

---

84 일제 강점기를 거치며 승려들의 도성 출입 금지가 해제되면서 조선불교는 근대를 맞이한다. 이에 불교계에서는 급변한 시대적 조건 속에서 불교의 존립을 위한 개혁의 목소리가 높았다. 조선시대 불교는 자구책으로 철저하게 산중불교로서 禪宗佛敎化하였고, 일반 민중, 특히 여신도와의 관계를 유지하기 위해 그들을 끌어들일 수 있는 주술적인 요소를 강화해 갔다. 조승미, 「여성주의적 관점에서 본 불교수행론-한국 여성 불자의 경험을 중심으로-」, 동국대학교 대학원 불교학과 박사학위 논문, 2004, p.114. 동산문도회, 앞의 책, p.367.

운동이 일어나야 했다. 즉 조선의 불교를 바르게 세우기 위해서는 금강계단의 법을 실천할 수 있는 토대를 마련해야 하였다. 동산이 범어사에 금강계단을 설치하려 한 의도는 범어사의 기득권을 얻고자 하는 측면도 있었겠지만, 위에서 본 것처럼 조선불교계의 계맥을 다시금 회복하려는 운동의 성격이 강하며, 범어사에 금강계단을 설치함으로써 금강계단법을 전수받을 수 있는 토대를 마련하게 되었다.

1897년(광무 1) 만하승임萬下勝林 율사가 양산 통도사에 계단을 설치하고 처음으로 수계법회를 가졌다. 이때 해담치익(海曇致益, 1862~1942)이 수계하였고, 1935년(乙亥)에는 해담치익 율사는 계단의 주석主席으로 계법을 전수할 때 회당성환晦堂性換 율사가 수계하였으며.[85]

통도사 금강계단에서 수계를 실시하였던 해는 1897년인데, 금강계단의 또 다른 역사로서 지리산 칠불 서상계단에 대한 인정 문제가 존재한다. 지리산 칠불 금강계단에서 비구계를 설했다는 기록이 시기 면에서는 훨씬 앞서고 있다. 만일 지리산 칠불 서상계단의 법을 인정한다면 신라시대 자장 율사로부터 전해졌다는 통도사 금강계단법이 소멸될 수도 있다. 칠불 서상계단을 인정할 수도 부정할 수도 없지만, 조선불교계에서 소멸되었던 금강계단을 소생시키려고 한 율사들에 대한 공과를 인정하지 않을 수 없다.

---

85 이지관, 『한국불교 계율전통』, 가산불교문화연구원, 2005, p.142.

1826년(순조 26) 7월 15일 해방 후 하동 칠불암 아자방에서 서상수계를 서원하고 7일간의 기도를 봉행하던 중 7일 만에 일도상광一道祥光이 대은의 정상에 관주하므로, 스승인 금담이 이르기를 "나는 오직 법을 위함이요, 사자師資의 서열에는 구애받지 않는다"면서 곧 상좌인 대은을 전계사로 하여 보살계와 비구계를 받았다. 그리하여 금담 율사는 해남 대흥사 초의 율사에게 전하였고 초의는 범해각안 율사에게 전하였다. 해인사의 호암운성 율사가 1893년(고종 30) 3월 28일 해남 대흥사로 찾아가 범해 율사로부터 보살계와 비구계를 받았다. 1908년(융희 2년) 2월에 본사 해인사 상선원上禪院 금강계단을 설치하고 호암 율사가 계법을 설할 수계 제자가 40여 명이었다. 이로부터 수계 제자들은 수계 때마다 자세히 전수 연원과 그 시기와 처소를 기록하여 불조의 원력과 선사의 자비로 하여금 영원히 유통케 하라. 이 수승한 인연 공덕으로 함께 정각을 이루어지이다라고 하였다.[86]

조선불교계에서 금강계단이라는 계단법을 설치하여 수계를 실시하였는데, 바로 1826년 지리산 칠불 서상수계의 금강계단이다. 물론 통도사 금강계단법과의 차이점이 있지만, 용성이 조선불교계를 회복하기 위하여 가장 중요하게 여긴 것은 금강계단의 계단을 설치하여 그 중요성을 전하는 일이었다. 금강계단의 계맥을 전할 수 있는 역사성을 계승하기 위함이었다. 조선불교사에서 선禪만이 존중되었지만 조선불교를 회복하는 데 있어서는 선만을 수행할 수는 없었다. 조선불교계의 계맥을 전승하지 못한다면 조선불교의 존재를 전승할 수 없다는

---

86 이지관(2005), 앞의 책, pp.150~151.

것을 용성은 알고 있었다. 용성이 범어사에 금강계단법을 설치하여
독자적으로 계를 설할 수 있게 한 것은 일본불교계와 차별을 두기
위함이라고 말할 수 있다.

> 대은 계맥을 계승한 금담 율사는 초의의순 율사에게, 초의는 범해각안
> 율사에게, 범해는 선곡 율사에게, 선곡은 용성진종 율사에게로 계승되
> 었다. 용성진종 율사(1864~1940)가 1934년 경기도 양주군 도봉산
> 망월사에서 금강계단을 설치하고 전수하니, 수계 제자들은 받은 바
> 계를 공경하는 마음으로 굳게 지키고 혜명으로 하여금 단절함이 없도록
> 하라.[87]

용성은 조선불교계의 전통주의적 불교사상에 기초하여 불교계의
전통을 회복하는 데에 많은 노력을 기울였다. 금강계단 법을 설치한다면
조선불교계 내부적 관점에서 전통으로의 복귀라는 의미 이상을 가지며,
시대적 상황을 고려하면 조선불교계의 전통성 회복은 일제 식민지
시대 조선총독부에 대한 저항의 의미도 내포하고 있다. 일본불교계는
대처승 제도에서 볼 수 있듯이, 일본불교계와 조선불교계의 절충주의적
입장에서 조선불교계의 전통과는 상당한 거리를 가지고 있었다. 조선총
독부는 식민지화 정책에 따라 일본불교를 조선불교계에 강제하고 있었
다. 용성이 조선불교계에 금강계단법을 설치하고 수계 산림을 각 사찰에
서 실시한 것은 새로운 불교포교운동을 전개한 것으로 보아야 한다.
조선불교계의 독자적인 금강계단법을 각 사찰에 설치하여 불교 신도들

[87] 이지관(2005), 앞의 책, pp.183~184.

에게 부처님의 정법을 전하는 보살계를 설한다면 그것은 강력하게 신도들을 조직하는 계기가 될 수 있으며, 철저한 신앙심을 지닌 신도들을 양성하는 매우 소중한 수계법회가 될 수 있었다.

대구 용연사의 만하승림萬下勝林 율사가 계법 중흥을 위해 중국(청나라)으로 가서 1892년(광서 18) 황성의 법원사관단法源寺官壇에서 창도한파昌濤漢派 율사로부터 수계하고 귀국하여 1897년(광무 1) 양산 통도사에서 수계법회를 열었다.[88]

창도昌濤는 만하승림 율사에게 승림은 성월일전性月一全 율사에게, 일전은 일봉경념一鳳敬念 율사에게, 경념은 운봉성수雲峰性粹 율사에게 성수는 영명보제永明普濟 율사에게, 보제는 동산혜일東山慧日 율사에게 금강계법을 전하였다.[89]

용성 율사는 조선불교를 위하여 기존의 불교계를 개혁하지 않으면 안 된다고 생각하였다. 용성 율사는 제자인 동산에게 조선불교의 전통적인 금강계단의 율법을 전수하려고 하였다. 동산 율사가 용성 율사의 율법을 전수받아 범어사에서 금강계단을 설치하여 수계를 설할 수 있는 교수화상이 되었다는 것은 조선불교계를 바르게 개혁하려는 서원이 있었음을 짐작케 한다. 철저한 수행과 계율 중심의 전통불교만이 조선에서 보편화되어 가던 일본불교화를 막는 길이며, 조선불교계를

---

88 이지관(2005), 앞의 책, p.254.
89 이지관(2005), 앞의 책, p.165.

전통적인 계율 중심으로 전환하는 운동이라고 보았다.

용성은 동산에게 모든 법을 전했다.[90] 용성이 생각할 때 동산은 금강계단을 운영할 수 있는 충분한 체계를 갖추었다고 판단하였다. 용성은 불교개혁사상을 실천하고 백장의 노동선을 수행한 동산에게 조선불교를 회복시킬 수 있는 선법을 전해주었다.

또한 동산은 율맥에 이어 선맥도 이어받았다. 이를 통해 조선불교를 전승할 수 있는 토대를 마련하였다. 조선불교는 선에 대한 새로운 이론이 정립되고 있었는데 동산은 용성으로부터 기본적인 간화선법을 전해 받았다.

용성의 선禪 계통을 이음으로써 조선에서 소멸된 선종의 기틀을 마련하려고 했던 선학원 계통의 선승들은 선불교 전승의 의지를 강하게 견지하고 있었다. 선학원 계통의 선승들이 임제선을 추구하는 사찰을 몇 곳만이라도, 아니 사원이나 암자 몇 군데만이라도 배려해 주기를 바랐던 것도 동일한 이유 때문이었다. 당시 대처승들이 징악하고 있던 총무원 측에서는 그러한 요구를 수용하지 않았다. 총무원 측의 승려들은 불교계의 총본산을 건설하는 데 온 힘을 쏟으면서 일본이 조선을 점령하고 있는 문제를 거부하지 않고 찬양하기에 여념이 없었다.

조선불교를 바르게 설정하기 위하여서는 금강계단법을 실천할 수

---

90 동산이 범어사에 금강계단을 설치하려고 한 의도는 범어사에서 기득권 확보와 함께 용성 스승의 건백서와 무관하지 않으며, 조선불교계의 계맥을 다시금 회복하려는 운동의 성격이 강하게 보인다. 동산은 범어사에 금강계단을 설치함으로써 용성 스승이 이루고자 하였던 금강계단법을 전수받을 수 있는 토대를 마련하였다. 그리고 동산은 용성의 칠불 서상수계법인 금강계단법과 5가 7종 중의 일파인 임제선의 간화선법을 용성 선사로부터 전수받았다.

있는 토대를 마련해야 한다고 생각했던 용성은 조선불교계를 중흥시킬 수 있는 율사를 찾고 있었다. 용성은 계단법을 전승할 수 있는 적격자로 동산 상좌를 선택하였다. 동산이 자신의 뜻을 받들어 금강계단을 운영할 수 있는 자격을 갖추었다고 판단한 것이다. 동산은 범어사 금어선원의 실이 되었다.[91] 동산은 용성 율사로부터 지리산 칠불 서상계단법의 율맥律脈과 전통선인 간화선법까지도 이어받았다. 특히 용성은 동산에게 조선불교의 선맥인 임제선의 간화선법을 전해주었다. 이를 통해 동산은 조선불교 전통 선을 전승할 수 있는 토대를 마련하였다.

본래 선학원 계통의 승려들은 임제선을 추구하려는 전국의 18개 사원에서 수좌들이 정진할 수 있도록 작은 암자라도 교무원 측이 배려해 주기를 바랐다. 그러나 선학원 선승들의 요구를 교무원 측에서는 수용하지 않았다. 이 점이 훗날 한국불교 정화운동의 시발점이 되기도 했다. 일본불교를 찬양하던 조선 승려들은 일본에 유학을 다녀온 학승들이었다. 조선총독부가 일본 유학을 주선한 것은 일본불교의 학습을 통해 조선불교를 근본에서부터 일본불교화하려는 의도를 담고 있었다는 점을 부인하기 어렵다. 일본에서 유학을 마치고 귀국한 승려들이 대부분 처자를 거느리는 모습을 본 용성 율사는 부처님의 계율을 중심으로 조선불교계를 지키려고 하였던 것이었다.

---

91 앞서 밝혔듯이 동산은 범어사에 조실이 되어 범어사 금강계단에서 실시하는 보살계를 설할 때에 교수화상이 되었다. 이것은 출가한 후에 첫 번째의 금강계단의 보살계단 소임이다. 동산은 범어사 금강계단에서 보살계를 설한 이후에 전국적으로 보살계를 설하는 소임을 맡게 되었다. 용성의 뜻과 같이 동산도 조선불교는 조선불교의 정통성을 회복해야 한다고 생각했다. 그렇게 하기 위하여서는 불교를 전통주의적 방향으로 개혁해야 한다고 결심하였다.

　용성 율사와 동산 선사의 전통주의적 불교사상으로는 일본에 유학을 다녀온 승려들의 변화된 모습을 인정하기 어려웠다. 조선불교의 전통을 복원하여 정체성을 확립하는 것만이 일제 식민지 시대에 대한 저항이라고 생각하였다. 동산 선사는 역사적인 변화의 과정에 있는 조선불교를 개혁하기 위하여 전통적으로 보조지눌의 정혜결사의 실천과 간화선을 전승한 선학원 선승들의 정신이 필요하다고 생각했다.

　동산은 용성의 칠불 서상수계법인 금강계단법과 5가 7종 중의 일파인 임제선의 간화선법을 전수받고 수행 정진하였다.

　한국불교의 대표적 선승이자 민족주의자로서 조선불교의 전통성을 계승하려고 하였던 용성뿐만 아니라 동산도 대처승에 대하여 매우 비판적이었던 것은 어쩌면 당연한 귀결이었다.

제2절 동산의 불교개혁 의식과 선 우선주의

1. 동산의 불교개혁 의식

동산은 선학원에서 실시하는 전국수좌대회에 참석하였다. 이는 동산의 선禪 사상과 율律 사상을 통해 불교 대중들에게 새로운 선사의 모습을 보여주었다는 의미를 갖는다. 동산은 직지사 3년 결사를 통해 전국의 수좌들과 교류하게 되었고 조선 승려들은 동산의 명성을 알게 되었다. 동산은 범어사 선원에 수좌로 있으면서 용맹 정진을 계속하였다. 당시 선원 대중들은 동산이 정진하는 모습을 보고 마치 부처님의 모습 같아 보였다고 한다.

　1929년 1월 3일 각황사에서 개최된 조선불교선교양종 승려대회에 대응하려고 했던 대회가 바로 1931년 3월 14일 선학원에서 개최된 수좌대회였다. 선학원의 수좌대회를 통해 조선불교선교양종의 의미를 새롭게 정리할 수 있다. 그리고 이 대회를 통해 동산은 평범한 승려에서 조선불교 지도자로, 당당하게 대선사로 성장하였다. 1931년경에 조선 불교는 일본 식민지 불교로서의 형식뿐이었다. 조선의 전통적인 불교가 아니라 일본 식민지의 불교가 되었고, 전국 31본산 제도를 통해 조선불교는 일본불교화로 전환되었다.

동산은 조선 백성들을 일본국의 전쟁에 동원하기 위한 조선총독부의 심전개발운동에 참여하지 않았다. 조선에서 실시한 심전개발운동이라는 것은 조선불교를 회복하기 위해서가 아니라 조선의 민심을 현혹시켜 일본이 추진하고 있는 전쟁에 참여하게 하고 모든 물자를 마련하기 위한 선전이었기 때문이었다. 조선불교선교양종 31본산을 비롯한 불교계의 일부는 이 심전개발운동에 참여하였고, 조선총독부에서는 이에 보답하듯 조선불교의 상징인 각황사를 건립하는 불사를 발족하였다. 각황사는 그러한 비극의 역사성을 담고 있다.

동산은 1931년(신미년 42세) 3월 14일 선학원에서 선풍 진작과 납자 결속을 위하여 개최한 조선불교 선종 제1회 수좌대회에 참석하였다.[92]

1931년 3월 14일 선학원[93]에서 선풍 진작과 납자 결속을 위하여

92 동산문도회, 앞의 책, p.367.
93 제1회 전국수좌대회는 禪風 진작과 납자들의 결속을 위하여 1931년 3월 선학원(중

개최한 조선불교 선종 제1회 수좌대회에 참석했다는 기록과 아울러
그때의 사진이 전한다.[94] 선학원이 전국수좌대회를 통해 조선불교선교
양종 31본산과 선학원 선 수행 선승들의 차별성을 보이고자 하였던
것이라고 생각된다. 1931년 무렵은 동산이 선학원 선승들과 함께할
수 있는 선승으로 대중들에게 모습을 드러내어 증명해 보였던 시기였다.

1931년 3월 14일에 수좌대회 소집문을 발송하고 김적음이 집회 개최에
관한 교섭을 일제 당국과 하였다. 당시 조선은 조선총독부의 허가
없이는 움직일 수 없었던 시대였기 때문이다. 1931년 3월 23일 선학원
대방에서 수좌대회를 개최하였다.[95]

동산은 이 선학원 수좌대회를 통해 선학원 승려들의 존재를 드러냄과
동시에 청정승가의 출현을 웅변하고자 하였다. 실제로 선학원은 원종
에 맞서 임제선의 종지를 표방한 임제종 승려들에 의해 창건되었다.
이에 반해 31본산 주지들은 종파를 원종에서 조선총독부가 지정한

앙선원)에서 개최되었다. 1921년 창건된 선학원은 재정의 어려움으로 인하여
직지사로 사무소를 옮겼고, 1926년에는 범어사 경성포교당으로 그 성격이 바뀌는
등 출발부터 난관에 직면하였다. 그러나 적음 스님의 헌신적인 지원으로 1931년
1월부터 이전의 기능을 회복하면서 수좌대회를 개최하고 선의 대중화를 시도하였
다. 이 수좌대회는 재건된 선학원에서 개최된 최초의 수좌 모임이다. 선학원
자료실 제공.
94 동산은 1931년(辛未年 42세) 선학원에서 개최한 선종대회에 참여하여 제방의
선지식들과 함께하였다. 동산문도회, 앞의 책, p.367.
95 김광식, 『한국 근대불교사 연구(민족사학술총서 36)』(민족사, 1996), p.121.

조선선교양종이라는 종명으로 변경하였다. 이는 사찰령이라는 조선총
독부의 정치적 명령에 31본산 주지들이 타협한 것이다. 조선총독부의
감독하에 조선불교의 본래의 사상을 실천할 수 없는 위치에 있었기에
31본산 주지들은 단지 사찰을 관리하는 행정승일 뿐이었다. 그들은
일본 승려의 지시와 명령에 복종할 수밖에 없었다.

31본산 주지들의 행보는 용성과 동산의 그것과 정반대의 길을 걸었
다. 그들은 지배 세력인 일본 식민지 권력에 야합하여 동족들이 탄압당
하고 있는 현실은 외면한 채 자신들의 안위만을 걱정하였다. 더욱이
그들은 이러한 일련의 타협적 행보를 조선불교의 명맥을 유지하는
것으로 포장하고 있었다. 일본 유학의 경험이 있고, 이를 계기로 일본불
교를 수용한 이들은 조선불교의 전통이 훼손되고 있는데도 눈을 감
았다.

이러한 대립적인 성향을 고려할 때, 1931년 3월 23일 선학원 수좌대
회에서의 동산의 등장은 중대한 사건이었다. 동산의 등장으로 조선불
교는 새로운 희망을 얻을 수 있는 기회를 가졌다. 선학원의 발전과
조선불교의 발전은 일맥상통하였기 때문이다. 실제로 당시 선학원에
서 결의한 내용은 전국의 선원에 전달되어 호응을 얻었다. 수좌대회를
계기로 전국의 선원을 더욱 발전시키기 위해서는 수좌들만의 수행을
지원할 수 있는 사찰이 필요하다는 것이 확인되었다.

이러한 필요성에 대해 조선총독부에 협조하고 있던 기득권 세력들은
동의하지 않았다. 선학원을 비롯한 당시 수좌들이 모두 동산처럼 철저
하게 전통주의적 입장에서 불교를 개혁하려는 의지를 지니고 있지는
않았다고 할지라도 전통을 수호한다는 자부심을 가지고 있었다. 이런

점에서 수좌들도 당시 기득권 세력들과는 대척점에 위치해 있었다.

선학원 수좌대회에서 조선불교의 문제점을 성찰한 뒤, 동산은 범어사 원효암으로 갔다. 원효암에 돌아온 동산은 간화선을 통한 자기 정진을 치열하게 전개하였다. 원효암에서 동산은 원효의 불교학에 대해서도 탐구했을 것으로 짐작된다. 당시의 일화를 보자.

1932년의 일이다. 동산이 범어사 원효암에 주석하고 있을 때 옛 집터에 땅을 파는 일이 있었다. 2장쯤 되는 곳에서 홀연히 한 옥인玉印을 발견하였다. 본래는 철함에 담겨 있었는데, 철함은 모두 허물어지고 옥인은 상하지 않고 그대로 있었다. 그 옥인에는 이렇게 새겨져 있었다.

큰 가르침의 그물을 펼쳐서
인간과 천상의 고기를 건진다.[96]

동산은 원효가 사용하던 옥인임을 확신하고 이를 용성과 위창 선생에게 보여 감정을 의뢰하였다. 용성과 위창 선생 모두 동산의 의견에 수긍하였다.[97] 이러한 내용으로 미루어, 동산은 원효의 불교학을 통해 민중에 대한 성찰을 깊게 하고 일본 식민지 권력에 억압받고 있는 조선 민중과 함께하겠다는 사상을 수립하였을 것으로 추정된다. 나아가 원효의 불교사상은 이후 정화운동 과정에서 첨예하게 대립하였던 대처승에 대한 태도에도 영향을 준 것으로 판단된다.

전통주의적 불교사상을 견지하였고 대처승 제도 자체를 반대하고

---

96 "張大教網 漉人天之魚." 동산문도회, 앞의 책, p.368.

97 동산문도회, 앞의 책, p.368.

있었기 때문에 동산이 모든 대처승에 적대적이었을 것으로 생각하기
쉽다. 하지만 동산에 대한 증언을 살펴보면 반드시 그러하지는 않았음
을 알 수 있다. 실제로 동산은 대처승이라고 하여 무조건적으로 내치지
는 않았다.

"교단 정화를 함에 있어 정화를 찬동하고 협조한다면 다 우리의 동지"라
고 하세요. 대처한 사람도 정화를 찬성하면 도반이고 동지라고 말씀을
하셨습니다. 그때에 장대교망張大教網하야 녹인천지어漉人天之魚라
고, 큰 그물을 던져서 다 그냥 사로잡자는 말씀을 하였어요.[98]

이러한 동산의 성찰은 일본의 조선 강점에 저항하고 조선불교의
전통성 회복을 지향한 그의 불교사상을 체계화하는 것으로 이어졌다.
이는 동산도 용성과 같이 조선총독부의 감시 대상이 됨을 의미한다.
이미 용성은 조선총독부에 대한 저항으로 감시 대상이 되고 있었는데,
동산도 용성의 계율사상을 전개하려는 노력을 방관한 31본산 주지들에
비판적인 입장을 견지하였다. 조선불교선교양종 31본산 주지들은 조
선총독부의 명령에 복종하는 세력들로 구성되었기 때문이었다.
실제로 1932년의 시대적 배경을 살펴볼 때, 일본은 조선을 전쟁의
공포 속으로 몰아넣으려고 혈안이 되어 있었고 그것이 31본산 주지들에
전해지고 있었다. 이러한 상황에서 전국의 선원에 거주하는 선승들은
스스로의 존재 의미를 찾을 수가 없었다. 조선 승려들이 마땅히 지녀야

---

98 김광식 편, 『진경 스님 증언, 동산 대종사와 불교정화운동』, 글로리북, 2007,
p.168.

할 권위를 일본 유학승들이 독차지하고 있었다. 불교 교단의 중심적인 자리는 일본 유학승들로 교체되었다. 일본 유학승들은 바로 친일 승려의 모습으로 변해버리고 말았다.

이러한 모습을 본 동산은 조선불교를 회복하겠다는 서원을 세웠다. 조선의 승려들이 정당한 제 위치를 획득하는 것이 승려들의 권위를 회복하는 것이라고 보았다. 승려들의 권위를 회복하기 위해서는 승단의 실천 방향이 설정되어야 했다. 이는 종단의 종지, 종풍과 사상성을 통해 가능하다. 바로 이러한 의미의 맥락 속에서 동산은 종단의 종맥으로 보조를 생각하였다.

스님께서는 2년 여 원효암에서 정진하시는 동안 단식을 하시면서 범어사를 오르내리신 때도 있었다. 그리고 그때 보조 스님의 「간화결의론看話決疑論」을 암송했다고 한다. 그 당시에 함께 살았다는 어느 스님의 말에 의하면, 스님께서 「간화결의론」과 「원돈성불론」을 처음 입수하시고는 애지중지愛之重之하시면서 다른 사람들에게는 잘 보여주지도 않았으며, 그 무렵 법문을 하실 때면 으레 「간화결의론」의 내용을 말씀하셨다고 전한다.[99]

동산은 45세였던 1934년에 보조의 어록을 보고 지견을 얻었다. 이는 보조 혹은 보조의 어록을 통해 간화선의 역사를 알게 되었음을 의미한다. 이처럼 동산은 간화선법을 수용하여 정진을 하였다. 이는 조선선종의 역사성을 고찰하기 위해서였다. 또한 보조 연구에는 조계

---

99 동산문도회, 앞의 책, p.369.

종의 종지와 조계종의 전승의 의미가 담겨 있다. 그 결과 동산은 보조가 조계종의 종조라고 확신하였다.

　간화선법은 보우국사에 의해 우리나라에 완전히 정착되었고 이것을 계기로 간화선은 조선불교의 주된 수행법으로 확고하게 자리 잡았다. 보우국사의 선맥은 환암혼수(1320~1392), 구곡각운, 벽계정심, 벽송지엄(1464~1534), 부용영관(1485~1571) 선사로 이어졌고, 청허휴정(1520~1604) 선사와 부휴선수(1543~1615) 선사의 양대 산맥을 형성하게 된다. 서산 문하에는 편양언기(1581~1644) 선사와 사명유정(1544~1610) 두 거장이 나왔고, 이 가운데 편양언기 선사의 문파가 뒷날까지 번창하게 되었다. 이 선맥은 다시 편양 선사에서 풍담의심(1592~1655), 월담설계(1632~1704), 환성지안(1664~1729) 선사로 이어진다. 근세에 와서 조계종의 간화선풍을 크게 진작시킨 분은 경허성우(1846~1912) 선사와 용성진종(1896~1940) 선사이다.[100]

　동산은 용성의 법맥을 이어가려면 용성이 주장했던 조선불교의 정맥인 선종의 계맥과 법맥의 전승 역사를 고찰해야 한다고 보았다. 조선불교의 선맥이 경허, 용성, 한암, 만공 등으로 전해졌다는 점에 대해서는 그 누구도 부인하지 못함에도 불구하고, 동산은 조선 승려의 권위를 회복하는 데 있어서 오직 용성의 정신을 실천하고자 했다.

---

100 『간화선』, 대한불교조계종 교육원 불학연구소, 2008, p.43.

92

2. 동산의 선 우선주의

1945년 8월 15일 해방이 되자 불과 1주일 만에 구 교단 집행부가 퇴진하여 새로운 집행부가 탄생하였고 인수인계 작업까지 진행되었다. 당시 새 집행부는 각종 개혁 조치를 단행하였고 일제 식민지 시기 한국불교를 왜곡한 사찰령 폐지를 미군정에 요구하기도 하였다. 이처럼 불교계는 자주성 회복과 개혁을 위해 발 빠르게 움직였다. 그러나 미군정과 이승만 정권의 친기독교 정책에 의해 별다른 성과를 내지 못하고 있었다.

> 8월 15일 해방이 되자마자 4일 뒤인 8월 19일 교단 집행부가 사직하였고, 8월 21일에는 조선불교혁신준비위원회朝鮮佛敎革新準備委員會를 조직하여 신구 집행부 간에 인수인계까지 진행을 하였다.[101]

하지만 보다 큰 문제는 불교 내부의 갈등에 있었다. 당시 한국불교계는 보수적 승려세력과 혁신세력 혹은 친일세력과 항일세력으로 갈라져 매우 복잡하게 분열되어 있었다. 그러나 보다 본질적으로는 승단이 비구와 대처로 양극화되어 있었다. 비구의 존재는 한국불교의 전통성이 계승되고 있음을 의미하는 반면 대처승의 존재는 일본불교화를 상징하였고, 이는 곧 조선불교선교양종 31본산을 중심으로 기득권을 가진 보수세력을 의미하였다. 한마디로 당시 한국불교계는 거대한 균열, 즉 〈표 1〉의 'I 유형'과 'IV 유형'으로 분리되어 있었다. 그렇다면

---

101 이재헌, 「불교 정화운동의 재조명」, 『미군정의 종교 정책과 불교계의 분열』(조계종출판사, 2008), p.23을 참조할 것.

이러한 상황에서 동산은 무슨 활동을 어떻게 수행하고 있었는지를 보다 자세하게 살펴보자.

당시 불교계에서 기존 종단의 기득권 세력들은 해방을 맞이하여 2선으로 후퇴하고 불교 개혁을 주장하는 세력들이 전면에 등장하였다. 실제로 해방 후 조계종 총무원장이었던 이종욱이 사표를 내었다.[102] 그리고 불교계에서도 해방 정국에 대처하기 위하여 전국의 승려대회를 개최하기도 했다. 그러나 해방 직후는 미군이 통치하는 미군정 시대였다.

미군정 시대에 동산은 금강산 마하연 선원에서 정진을 하고 있었는데, 거기에서 그는 금강계단을 설치하여 비구계를 설하였다. 특히 1944년 10월 15일부터 1945년 1월 8일까지 결제 기간에 구족계를 설했다[103]고 하는데, 이것은 조선불교계의 역사성을 전승하려고 하였던 증거이다. 지혜 원로회의 부의장의 증언에 따르면, 당시 마하연 선원에서는 만공滿空이 계사가 되고 동산은 구족계단에서 상당 법문을 하였다고 한다. 동산을 비롯하여 당시 선승들은 해방을 예상하지 못하고 있었고, 갑자기 해방이 되었다.

---

102 1945년 9월 1일 북위 38도선을 경계로 미군과 소련군이 분할 점령한다는 정책이 발표되고, 종단적으로도 해방과 더불어 큰 소용돌이가 일어났다. 8월 17일 조계종 총무원장 이종욱 이하 일제 시의 모든 종단 책임자들이 사임하였다. 동산문도회, 앞의 책, p.381.

103 필자가 현 대한불교조계종 원로회의 부의장 지혜 대종사로부터 청취한 내용이다. 지혜 대종사는 금강산 마하연 선원에서 비구계를 수지했다는 증언을 하기도 했다.

해방이 되자 여기저기서 수많은 정치 사회단체가 생겨났다. 일제하의 조선에 통치만 있고 정치가 부재했다는 사실이 믿기지 않을 정도로 많은 정치 사회세력이 폭발적으로 분출했다. 국내에서는 중도 좌파인 여운형이 중심이 되어 1945년 8월 16일 건국준비위원회가 출범했다.[104]

이처럼 해방을 맞이하여 여러 정치조직들이 만들어졌지만, 동산은 그러한 정치조직에 참여하지 않고 금강산 마하연 선원에서 만공과 같이 간화선 정진을 수행했다. 반면에 일제시기 일본에 협력하여 일제의 간섭으로부터 자유롭지 못했던 세력들은 새로운 세상에서의 자신들의 행보에 대해 불안하고 초조한 시기를 보내고 있었다. 그러나 동산은 여전히 조선불교를 회복하는 길은 오직 간화선 정진과 불교경전을 탐구하는 것만이 전부라고 확신하고 있었다.

이렇듯 동산의 노선은 당시 지배 세력이었던 친일 승려와는 달랐다. 이는 동산의 민족주의 의식과 무관하지 않다. 실제로 동산은 창씨개명을 하지 않았다. 일본 식민지 시대에 창씨개명을 하지 않았다는 것은 민족주의적 결단이 없이는 수행할 수 없는 일이었다.

1945년 9월에 전국승려대회를 개최하기 위해 준비위원회를 구성하였다. 조선불교혁신준비위원회의 위원장은 김법린, 총무위원은 유엽·오시권·장두석·박윤진이었으며 참획부위원장은 적음, 고문은 만공·만암·석우·구하·경산·경하·석상·도봉·상월 등이었다. 조선불교를 혁신하기 위해 기존의 불교계에서는 종단의 간부들을 모두 교체하였

104 김일영, 『건국과 부국, 현대한국정치사 강의』(생각의 나무, 2004), p.33.

다. 1945년 9월 22일, 23일에 서울 태고사에서 전국승려대회가 개최되었다. 승려대회에서는 각 지방의 본산 대표 5명씩 모두 60여 명이 참가하여 불교계의 당면 현안과 노선을 결정하였다. 여기서 주목할 점은 이 대회에서 일제 식민지 불교의 잔재를 청산하기 위한 원칙을 천명하였다. 즉 식민지 불교의 상징인 사찰령과 그 시행세칙을 전면 부정하기로 결의하였다. 이에 사찰령 체제에서 나온 태고사법과 본말사 제도를 소멸시키고, 이를 대신할 새로운 교단기구를 출범시켰다.[105]

이 대회를 계기로 당시 조선불교계에서는 새로운 교헌도 제정 반포하였는데, 종명을 조계종에서 조선불교로 전환하였다. 초대 교정에 박한영을 추대하였고, 총무원장에 범어사 출신인 김법린을 선출하여 조선불교라는 종명을 반포하기도 했다.

시대적 상황은 불교계에 그리 호의적이지 않았다. 미군정은 일제 식민지 시대의 불교 정책을 별다른 성찰 없이 그대로 유지하였기 때문이다. 미군정은 불교계가 강력하게 주장한 사찰재산임시보호법의 제정을 거부하였고, 적산 사찰 문제를 빌미로 이러한 기존 불교의 재산 권한을 배척하기도 하였다.[106]

---

105 대한불교조계종 교육원 불학연구소(2005), 앞의 책, pp.157~158.

106 나아가 예수의 탄생일인 크리스마스를 공휴일로 지정하였다. 미군정은 1945년 10월 일본이 써오던 축제일을 폐지하고 한국과 미국의 축제일을 새롭게 지정하였는데, 종교 분야에서는 기독교만 포함시켰다. 대한불교조계종 교육원 불학연구소(2005), 앞의 책, p.173.

일제가 조선의 식민지화를 위해 전통불교를 말살하고 일본불교화를
시도했듯이, 미군정은 보다 효율적인 점령정책을 위해 친기독교적인
종교 정책을 실시했으나 조선불교계는 그 어떠한 대비책도 마련하지
못하고 있었다. 1945년 9월 기존의 불교조계종과 선학원에 참여하였던
선종의 승려들 가운데 여기에 참여한 승려들은 만해 계보의 일부 승려들
뿐이었다. 불교조계종의 역할로서 가장 중요한 문제는 일본불교계가
관리하였던 불교 재산의 처리 문제였다. 1945년 9월 18일부터 총독부
통치체제의 관직자가 미군의 장교로 바뀌었고, 10월 5일부터 행정고문
이라는 이름으로 다음의 인사들이 임명되었다.

〈표 2〉 미군정 행정 고문[107]

	일제 시 직업	교육 정도	종교	정당	재산
김성수	동아일보 사장	일본에서 대졸		한민당	대지주
김용순	목사	대졸	기독교	한민당	
김동원	목사	대졸	기독교	한민당	
이용설	세브란스의전 교수	미국 유학	기독교	한민당	
오영수					
송진우	동아일보 사장	일본 유학		한민당	
김용무	변호사			한민당	
강병순					
윤기익	목사	중국 유학	기독교	건준	중류
여운형	독립운동가	중국 유학	기독교	건준	중류
조만식	독립운동가	일본 유학	기독교	조민당	중류

---

107 『한미수교100년사』, 국제역사학회의 한국위원회, 1982, p.430.

불교가 자기 자리를 차지하지 못하고 있는 동안 친기독교인들은
사실상 나라를 장악하고 있었다. 미국은 38선 이남 지역을 관리하면서
일본을 찬양하거나 일본에 협력했던 자들을 그대로 미군정에 참여하도
록 하였는데, 그들은 대부분 미국에 유학을 다녀온 자들인 동시에
개신교인들이었다.

해방 직후 한국에 진주한 미군은 해방군이면서 동시에 점령군의 성격을
지니고 있었다. 따라서 미군이 1945년 9월 8일 인천에 상륙한 이후부터
1948년 8월 15일에 정부가 수립될 때까지 실시했던 군정은 이런 이중적
성격을 지니는 군사적 통치기구였다. 즉 중앙정부의 명칭이 처음에는
군정청이었다가 1947년 6월 3일부터는 남조선 과도정부로 바꿔 왔지
만, 실질적인 통치권이 계속 미군에 있었다는 점에서 미군정은 약
2년 11개월 동안 실질적인 한국을 지배한 강력한 외생국가였다고
말할 수 있다.[108]

미군정은 조선에 대하여 통치적인 입장에서 미국을 찬양하는 방송을
실시했다.

1945년 9월 25일 공포한 〈법령 2호〉를 통해서 일본적산의 이전 및
기타 처분을 금지하는 한편, 동년 12월 공포한 〈법령 33호〉를 통하여
일제의 모든 적산을 군정청에 귀속시키고 이를 어길 경우는 법적
제재를 취할 수 있게 하였다. 당시 남한에는 일본불교사원 120여

---

108 『광복과 한국현대언론의 형성』, 한국사론 44, 국사편찬위원회, 2006, p.110.

개,[109] 일본불교 학교 8개, 유치원 44개, 강습소 13개, 의료기관 4개, 사회사업기관 12개가 있었다.[110]

위의 인용문에서 알 수 있듯이 당시 일본불교계의 재산 처분권이 미군정청으로 넘어간 상태에 있었지만, 불교계에서는 아무런 대책을 마련하지 못하였다.

1946년 3월 20일부터 5월 8일 사이에 열린 1차 미소공위를 놓고 본다면 그렇다고 답하기 어렵다. 이 위원회는 본 의제인 조선임시정부의 구성문제로 들어가지도 못한 채 아무런 성과 없이 끝나고 말았다. 미소 양국은 두 달 동안 자신들과 협의를 벌인 조선의 민주적인 정당·사회단체를 선정하는 문제를 둘러싸고 입씨름만 벌이다가 무기한 휴전에 들어가고 말았다.[111]

당시 불교조계종에서는 미군정의 진의를 파악하지 못하고 있었다. 미군정에서는 불교조계종의 정치적인 힘을 중지시키려 하고 있었다. 미군정은 미국의 추종 종교인 기독교 세력을 우호적으로 보았고, 관리들을 모두 기독교 정책을 실시할 수 있는 체제로 전환하였다.

109 『조선총계연감』, 1943, p.216(김만수, 「일제와 미군정기의 종교 정책이 불교 종립학교에 미친 영향」, 동국대학교 대학원 교육학과, 2007. 2. 주)298에서 재인용).
110 『영축총림 통도사 근현대불교사, 구하·경봉·월하·벽안 대종사를 중심으로』(상권), 대한불교조계종 영축총림 통도사, 2010, p.237.
111 김일영, 『건국과 부국, 현대한국정치사 강의』(생각의 나무, 2004), p.49.

미국은 한반도 문제를 소련과 합의하여 해결한다는 정책에 따라 1946
년 5월부터 남한의 정치 상황을 모스크바협정의 틀 속에서 미소 합의에
의한 한반도 문제 해결에 적합한 상황으로 변경하려고 했다. 그러한
정치 상황 변화에서 가장 필요한 것이 한반도 문제를 모스크바협상의
틀 속에서 해결하는 데 장애가 되는 이승만과 김구를 남한 정계에서
배제하고, 민중에게 '진보적 강령'을 제시하여 공산당을 제압할 수
있는 중도 세력 혹은 '민주적 좌익' 세력을 육성하여 그들로 하여금
남한 정계의 헤게모니를 장악하게 하는 일이라고 미국은 생각했다.[112]

한반도를 미군정이 통치하는 과정에서 불교조계종은 마땅한 대안을
마련하지 못하고 있었다. 미군정의 친기독교적 종교 정책에 대해 불교
계에서 강력하게 반대운동을 전개하였다면 불교계를 바라보는 미군정
의 입장에 변화가 있었을 것이다. 하지만 현실은 전혀 그렇지 못했다.
  다만 조선불교계는 1946년 10월경에 해인사에서 가야산 해인사
총림[113]을 선포하였다.[114] 가야산에 총림을 선포한다는 것은 조선불교
가 미군정에 예속되지 않도록 하겠다는 의지의 표현이었다. 해인사를
중심으로 조선불교를 부흥시키려고 하였다.

  이 무렵 청정 비구로서 수행을 하는 승려는 약 300여 명이었으며

---

112 양동안, 『대한민국건국사』, 건국대통령 이승만박사기념사업회 출판사업부,
    1998, p.250.
113 총림이란 수행승들이 집단적으로 모여 수행할 수 있는 선원·강원·율원 등을
    갖춘 종합 수도도량을 말한다.
114 대한불교조계종 교육원 불학연구소(2005), 앞의 책, p.174.

이들의 수도 도량을 확보하는 것은 절실한 문제였다. 곧 일제하 전통과 계율의 파괴는 선방의 폐쇄, 위축으로 나타났고 수행 공간이 절대적로 부족하게 되었던 것이다. 그러나 해인사에 창설된 총림은 이러한 원칙과 현실을 모두 충족시킬 수 없었다.[115]

미군정은 조선총독부가 그랬던 것처럼 인가를 내주지 않았다. 그럼에도 불구하고 당시 조선불교계는 이에 저항하기보다는 자체 분열되어 비구-대처승의 논쟁만을 일삼고 있었다. 논쟁을 통해 생산적인 발전을 이룩하지 못하고 불교계의 정치적 힘을 소모시키고 있었다.

당시 동산은 조선불교계의 친일 역사를 고찰하면서 조선불교를 회복하기 위한 연구를 하고 있었다. 또한 친기독교적 정책을 전개하는 시점에서 미군정에 저항할 수 있는 방안을 마련하고 있었다. 조선불교계는 미군정의 불교 억압 정책들에 대응하지 못하고 있었지만, 동산은 단결을 통해 미군정에 대응할 수 있다고 생각하였다. 또한 조선불교가 단결하기 위해서는 부처님의 가르침에 따라 바르게 성찰해야 한다는 것이 동산의 신념이었다. 해방된 이 시점에 불교가 단결하여 미군정에 저항한다면 불교계는 1700여 년에 걸쳐 축적된 잠재력을 발휘할 수 있고, 이러한 잠재력을 통해 미군정의 친기독교적 종교 정책에 저항할 수 있을 것이란 것이 동산의 판단이었다. 하지만 믿었던 선학원마저 민족사관이 변절한 상황이었다.

물론 당시 일부 승려들은 미군정에 저항하는 운동을 전개하기도 하였

---

[115] 대한불교조계종 교육원 불학연구소(2005), 앞의 책, p.174.

다. 백담사 주지를 비롯한 많은 젊은 승려들이 여운형과 함께하였다.
또한 1946년 11월 29일 선학원에 모여 독자적으로 개혁을 추진하기
위한 준비 조직인 불교혁신총연맹준비위원회를 발족하였다. 당시
준비위원회에 동참한 단체는 선리참구원·불교혁명당·혁명불교도연
맹·조선불교혁신회·불교여성총동맹·선우부인회·재남이북승려회
등 7개 단체였다.[116]

해방 이후 한반도에서 일본이 자행했던 만행에 협조한 친일파를
청산하자는 목소리가 도처에서 들려왔다. 이 시기에 동산은 금강산
마하연 선원에서 만공과 수행했던 시절을 떠올리며, 용맹 정진으로
자신을 조복하는 실천행을 수행하고 있었다. 일본이 물러간 자리에
다시금 미군정이 실시되고 38선이 그어진 상태의 나라를 지켜봐야
한다는 것, 그것은 참으로 고통이었다. 불교계에서는 가야총림에 이어
백양사에 고불총림이 개설되었다.

고불총림古佛叢林은 1947년 만암이 교단 쇄신을 기하기 위해 백양사를
중심으로 전개한 승풍 정화운동이었다. 고불총림의 결성을 단행한
것은 한국불교의 전통을 회복하려는 목적이었다.[117]

동산은 미군정이 종말을 고하는 시대적인 변화에 적응할 수 있는
방안을 찾고 있었다. 당시 조선불교계는 특히 청년 승려들이 불교조계

---

116 대한불교조계종 교육원 불학연구소(2005), 앞의 책, pp.163~164.
117 대한불교조계종 교육원 불학연구소(2005), 위의 책 p.180.

종을 관리하고 있었다. 이러한 시기에 교정원장이었던 박한영이 열반하였고, 백양사 방장인 만암曼庵이 교정원장이 되면서 조선불교계는 사찰 거주 문제에 변화를 맞이하였다. 선승들이 선원에 거주하면서 정진할 수 있는 도량이 별도로 필요하게 되었는데, 이는 후일 정화운동의 결정적인 계기가 되었다.

제3절 소결

지금까지 우리는 일제 식민지 시기와 미군정을 거치는 역사적 과정 속에서 동산의 수행 과정을 살펴보았다. 이를 통해 동산이 일제 식민지 시기에 민족주의적 불교사상을 수립하고 실천한 경허와 용성의 선불교 사상을 전승하여 철저히 수행 정진에 임했음을 알 수 있었고, 나아가 그것이 용성의 민족주의적 불교사상에 기반하였음을 추측할 수 있었다. 당시에 민족주의적 노선을 실천하는 데에는 많은 어려움이 수반되었다. 무엇보다도 당시의 상황에서 불교계의 민족주의 세력들은 국가와의 긴장 및 갈등을 감수하지 않을 수 없었다. 일본에 유학을 다녀온 승려들, 즉 조선불교선교양종 31본산 주지체제에서 기득권을 가진 승려들은 지배 세력과의 갈등을 최소화하려 하였고, 이는 민족 정체성과 불교의 본래 전통성에 반하는 행위로 귀결되었다. 그 결과 일제시대 조선불교계는 일본불교의 대처승 제도에 편입되는 결과가 초래되고 말았고, 그러한 추세가 해방 직후 미군정까지도 지속되고 있었다.

이를 본서의 분석틀인 〈표 1〉(p.33)로써 보다 분석적으로 논의하면, 당시의 불교계는 국가(당시는 조선총독부)와의 관계 및 불교계의 역사

성에 따라 구분되는 네 가지 유형 중 'I 유형'과 'IV 유형'으로 분열되어
있었다. 일제 식민지 시기에 기득권 세력이었던 원종 계열의 승려들은
대부분 일본 유학을 이수한 불교학문의 최고 지도자로서 일본불교의
각종 제도를 수용하는 데 적극적이었고, 특히 일본불교의 대처승 제도
를 수용함으로써 조선총독부의 종교 정책에 협력하여 불교계의 전통을
계승하기보다는 변화된 현실을 유지하려는 태도를 보였다. 반면에
용성과 만해 같은 계열의 민족주의적 승려들은 민족 정체성을 회복하려
고 노력하였을 뿐만 아니라 조선총독부와 협력 관계보다는 갈등 관계에
놓여 있었다. 그 결과 당시 한국불교계는 'I 유형'과 'IV 유형' 사이의
균열과 갈등으로 치닫지 않을 수 없었다. 물론 민족주의적 입장을
취하면서도 불교의 전통을 회복하기보다는 새롭게 개혁하고자 한 'III
유형'이 있었고,[118] 불교계의 전통성을 고수하면서도 국가와의 갈등
관계보다는 협력 관계를 추구한 'II 유형'도 있었다.[119] 그러나 'II 유형'과
'III 유형'은 'I유형'과 'IV 유형'의 갈등이 격화되면서 'I유형'이나 'IV
유형' 중 어느 한 쪽을 선택하지 않을 수 없었다.

　　물론 동산은 자신의 은사인 용성과 마찬가지로 'I 유형'에 속한다.
동산은 출가 이전부터 민족성이 강한 용성을 친견하면서 불교학을
습득하였다. 이러한 만남을 통해 동산은 용성의 민족주의적 사상을

---

[118] 용성과 만해는 민족주의적 입장에서 국가(조선총독부)와 격한 갈등 관계에
　　　놓였던 공통점을 지님에도 불구하고, 불교의 역사성과 관련해서는 용성은 선
　　　수행을 통해 전통주의 입장을 취했고 만해는 개혁주의적 입장을 선택하였다.
[119] 당시 불교계의 기득권 세력이었던 대처승과 정치적 노선을 같이하였던 일부
　　　비구승의 입장이 여기에 속한다.

내면에 습득하였을 것으로 짐작된다. 또한 동산은 출가한 지 얼마 안 되어 발발한 1919년 3·1운동으로 용성과 만해가 투옥되자 은사의 옥바라지에 전념하기도 하였다. 이러한 일련의 경험을 통해 동산의 불교 학습은 민족의 정체성 확립과 선불교의 전통성에 기초하여 이루어 졌다. 동산에게 있어서 민족성을 담보하지 않는 선 수행은 수행이라고 말할 수 없다.

고불古佛이 나기 전前에 푸른 연기가 눈에 가득하다.
붉은 안개는 푸른 바다를 뚫고 밝은 태양(白日)은
수미산을 둘렀도다.
청천靑天에 벽력霹靂이 치고 평지平地에 파도가 일어난다.

이것이 모두가 그 하나를 두고 한 말이요, 이 다섯 가지가 오종가풍五宗 家風이다. 우리가 이 다섯 가지 가운데 깨친 것이 있다면 이와 같이 이를 수 있는 것이다. 법안종을 깨쳤다면 법안종의 소리를 할 것이고, 위앙종을 깨쳤다면 위앙종의 소리를 할 것이다.[120]

특히 용성의 스승이었던 경허의 미륵결사의 실천성을 통해 동산은 한국 민중과 그 아픔을 같이하고, 이는 한민족과 민중을 억압하는 지배 세력에 대한 저항을 감수하는, 즉 갈등을 두려워하지 않는 불교 실천행으로 이어졌다. 이러한 동산의 실천성은 경허와 용성의 실천사 상을 전승하였다고 말할 수 있다.

---

120 동산문도회, 앞의 책, p.69.

1945년 8월 15일 암울했던 일제 식민지 시대가 종결되면서 미군정 시대로 전환되었다. 그러나 해방의 기쁨도 잠시, 조선은 분단으로 이어져 남한에는 미군정이 성립되었다. 그런데 미군정은 행정 경험이 있다는 이유로 친일파들을 다시 등용하였고, 자신들과 의사소통이 되는 영어 사용자들을 우대하였다. 이러한 시대적 문제는 남한만의 단독정부가 수립된 후에도 지속되었다.

해방 직후의 들뜬 분위기 속에서 새로운 희망과 큰 기대를 가지고 개최되었던 전국승려대회는 1945년 8월 23일에 폐회되었다. 종전의 종무원을 중앙종무원으로 고쳤으며 대회를 마친 다음날인 24일에는 중앙종무원 임원들이 취임하고 기관지의 책임자도 결정하였다. 그 중앙직사일람中央職司一覽을 옮겨 보면 대강 다음과 같다.

〈표 3〉 중앙직사일람中央職司一覽

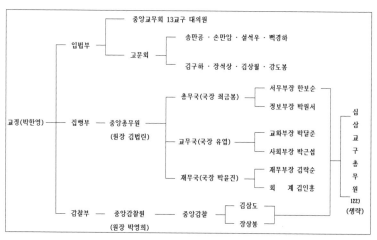

『태고종사─한국불교 정통종단의 역사』, 종단사간행위원회, p.192. 인용[121]

불교조계종 승려들은 조선의 건국과 함께 소멸되어 버린 조선불교를
조선총독부에서 일으켜 세워주었다고 믿었다. 자국의 국민을 사랑하
고 국민에게 불교의 정신을 깊이 심어 주어야 함에도 불구하고 식민지
시기 조선불교조계종은 그러한 역할을 하지 못했다. 불교조계종의
승려들은 법계에 대한 복식과 법의에 대한 제시를 하였다. 이것은
당시의 제98조와 제99조에 명시되어 있는데, 이는 각주와 같다.[122]

1948년 8월 15일 대한민국 정부 수립 직후에 진행된 일제 잔재
청산 작업이 실패로 돌아가고, 친일파가 친미파로 변신하면서 친일파
는 여전히 자신들의 세력을 유지할 수 있었다. 때문에 당시 지배 세력에
대한 감정은 이중적일 수밖에 없었다. 우선은 지배 세력 내에 친일파가

---

121 『태고종사－한국불교 정통종단의 역사』, 종단사간행위원회(2006), p.216

122 第98條 法階의 考試를 受하려고 하는 者는 左의 資格要件을 具備하는 者로서
現級法階를 받은 날로부터 起算하여 3年을 經過한 者에 限함.

1. 大選의 法階는 安居 三夏 以上을 成就하여 中等科 卒業 以上 者.
2. 中德의 法階는 大選의 法階를 受한 者로서 安居 5夏 以上을 成就하고 高等科를
卒業한 者 又는 同等 以上의 資格을 자진 者.
3. 大德의 法階는 中德의 法階를 受한 者로서 安居 5夏 以上을 成就한 者.
4. 宗師의 法階는 大德의 法階를 受한 者로서 安居 7夏 以上을 成就한 者.
5. 大宗師의 法階는 宗師의 法階를 受한 者로서 安居 10夏 以上을 成就한 者.

等級	一級	二級	三級	四級	五級
명칭	대종사	종사	대덕	중덕	대선

第5款 衣制

第99條 本宗의 僧尼는 法階에 相應하는 法衣를 着用할 것. 그 色別 地質 及
制式을 定하였으니 左(아래)와 같다.
沙彌는 黑色의 袈裟 及 長衫을 着用할 것.

포함되어 있어 이들에 대한 부정적 인식이 존재하였지만, 다른 한편으로는 같은 한민족으로서 함께 새로운 국가를 건설해야 한다는 인식도 존재했다. 이승만 정부 수립 초기에도 친일파 처리와 관련하여 친일파에 대한 비판적인 분위기가 있었으나 이후 이승만 정부는 친일파에 대하여 부정적 입장보다는 긍정적 입장으로 방향을 전환하였다. 그 결과 친일파들은 여전히 기득권을 유지할 수 있었다. 1950년 한국전쟁이 발생한 이후에 이승만 대통령과 범어사 조실인 동산의 만남에 대한 이야기를 백운이 논문에서 제기하고 있다. 백운은 이때의 인연으로 한국불교 정화운동에서 이승만 대통령의 지지를 얻을 수 있었다는 점을 부각시키고 있다.

1950년 스님의 세수 61세(庚寅) 때에 6·25동란이 일어나니 정부는 대전으로, 다시 부산으로 이전하고 서울은 함락되었으며 부산에는 피난민들이 인산인해를 이루었다. …(중략)… 1952년(壬辰歲) 6·25동란이 소강상태를 이루면서 운수납자들이 참석하여 무차대법회가 이어

長衫			袈裟			法衣	
制式	地質	色別	制式	地質	色別	法階	等級
古式長衫形	有汶絹紬	紫色	九條乃至 金襴二十五條	有紋金織	紅色	大宗師	一級
同上	同上	同上	九條乃至 二十五條	有紋絹紬	同上	宗師	二級
同上	同上	紺青色	九條	同上	褐黃色	大德	三級
同上	有紋絹紬	同上	七條	無紋絹紬	同上	중덕	四級
同上	同上	灰色	五條	同上	黃色	大選	五級

『태고종사 – 한국불교 정통종단의 역사』, 종단사간행위원회, p.192.

지던 6월 6일 현충일에 정부의 주관으로 범어사에서 전국군경합동위령
제를 거행토록 되었는데, 이때 범어사 조실로 계시던 스님께서 법주가
되어 이 위령제를 봉행하도록 정부의 요청이 있었다. 이 일로 인하여
이승만 대통령과 인연이 맺어지는데 당일 오전 10시까지 도착하여
위령제를 함께 지내도록 이승만 대통령과 약속이 되었음에도 불구하고
대통령은 11시가 되어도 나타나지 않았다. 그런데 11시가 훨씬 넘어서
야 중절모를 쓴 채 유엔군 사령관과 외국인 외교사절단들이 대통령과
함께 도착, 범어사 대웅전 앞에서 참배도 않고 대통령이 손가락으로
대웅전을 가리키며 뭐라고 설명하는 광경이 스님의 눈에 보여 평소의
곧은 성품대로 호통을 치시기를 "소위 일국의 대통령이란 분이 불전에
와서 중절모를 쓰고 손가락으로 부처님을 가리키는 것은 어디에서
배운 예의냐?"고 사자후를 하시니, 대통령은 즉석에서 사죄하고 법당
에 참배한 후 위령제를 지냈다.[123]

이승만 정부는 이후 장기집권 의도를 보여 1952년 발췌개헌과 1954
년 사사오입개헌 등으로 1인 장기집권을 위한 제도적 장치를 마련하였
다. 그 결과 이승만 정부에 대한 민중들의 불신은 심화되었고 그들의
지지는 점차 철회되었다. 바로 이러한 상황에서 불교계는 이승만과
그 정부에 협력하였다. 불교계는 그 반대급부로 1954년 5월 20일
이승만의 도움을 요청해 불교계의 갈등을 권력의 힘으로 해결하기
시작하였다. 그러나 이는 불교계를 'I 유형'과 'IV 유형' 사이의 양극화와

---

123 백운, 「韓國佛教淨化運動에 있어서 東山스님과 범어사의 役割」, 『대각사상』
　　제7집, 2004, p.66

화해 불가능한 갈등으로 반전시켰으며, 불교계가 이승만의 협력자로
참여하였다는 것은 민족과 민중에 대한 갈등을 더욱 심화시키는 역할을
하였음을 의미한다. 물론 이 과정에서 이승만 대통령과 협력 관계를
유지하면서 정화운동을 이끌었던 동산이 그 핵심적 지도자였음은 두말
할 나위가 없다.

제4장 동산과 정화운동

제1절 정화운동의 두 가지 결정적 계기

1. 기존 교단과 선학원 측 선승 간의 갈등

동산과 정화운동의 관련성을 이해하기 위해서는 조선불교선교양종인 조계종이 아니라 용성의 조선임제종에서부터 그 의미를 짚어 보아야 한다. 주지하듯이 당시 선학원은 임제종의 선을 표방하고 있었기 때문이다. 그리고 당시 선학원 계통의 선승들이 일관되게 선종의 역사성을 실천하기 위한 하나의 사상으로 선불교를 주장해 왔다는 점에서 선학원의 창건은 곧 한국불교계 정화운동의 태동에 다름 아니다.

본래 조선시대에 선종의 역사성이 소멸된 것은 선을 숭상하는 선승들에게 잘못이 있어서가 아니라 조선의 불교 탄압에 의해 선종을 표방하던 선승들이 자연히 선을 행하지 못한 관계로 선승들의 존재가 소멸되었기

때문이다.[124]

조선임제종은 경허와 용성 등이 등장하면서 선종의 역사성을 전승하였다. 만해와 용성은 1920년대 초 경성감옥에서 출소한 이후 선학원을 중심으로 일본 식민지 시대에 당당히 맞서 임제선을 표방하였다. 이처럼 당시 민족주의 승려들은 선종을 기본으로 하는 조선임제종을 전국적으로 확산시키고자 노력하였다. 이는 그들이 임제종을 조선불교의 정통성과 전통성을 담보하는 흐름으로 간주하였음을 의미한다.

이러한 흐름에 따르던 동산이 불교 정화운동에 관여하게 된 것도 그가 범어사 조실로 있을 때 수행을 바르게 실천할 수 없다는 것을 알았기 때문이다. 실제로 당시 동산은 범어사를 장악하고 있던 대처승들의 행위에 대한 문제를 바로잡고 불교계를 개혁하기 위한 유일한 길은 선 수행 정진에 있다고 생각한 것으로 짐작되며, 그래서 한국의 전통 선을 부흥하려는 적극적인 노력을 경주하였던 것이다. 이렇듯 동산은 선불교를 중흥하려는 의지를 가지고 있었을 뿐만 아니라 스승인 용성의 선 수행과 계율을 실천하는 운동을 계승하고자 하였다. 이러한 의지와 의도가 동산의 불교 정화운동으로 귀결되었음은 두말할 나위가 없다.

---

124 조선불교는 일본 식민지 시대에는 불교사상도, 조선 승려의 제도도, 조선 승려의 승관 제도도 없는 무종의 시대였다. 그러한 시대에 조선임제종을 선택한 선학원 선승들은 불교사상을 실천할 수 있도록 행정적으로 조선 사찰을 관리하는 관리자로서의 역할을 부여할 조직을 갖추지 못했다. 일본 식민지 시대 이전에 개화기를 맞이하여 정치적으로 조선불교가 태동하기 시작하였으나 불교사상을 제대로 전승할 수 있는 토대를 마련하지 못했다.

동산은 고승회의에서 본산 사찰 2개를 할애한다면 도제양성을 통한 불교 정화를 추진하겠다고 제안했으나 그 제안은 받아들여지지 않았다고 한다.[125]

이와 관련하여 박병기는 용성이 일제 치하에서 활발한 대외적 독립운동을 벌인 것과 달리 동산은 옥고를 치르는 스승을 정성껏 보필한 것을 제외하고는 주로 용맹 정진에만 힘을 쏟아 다소 차이가 있다고 언급하고 있다. 하지만 용성도 직접적인 활동에 나서기 전까지 수십 년을 깨달음을 보다 확고하게 하는 데 열중하였다는 점을 지적하며, 동산의 용맹 정진을 외적으로 어지러운 상황 속에서의 깨달음과 보임保任을 위한 용맹 정진으로 해석하고, 이를 통해 적극적인 불교 정화운동 참여가 이루어졌다고 분석하고 있다.[126] 용성의 계율정신의 실천은 동산의 불교 정화운동으로 이어지는 바, 이는 동산의 정화운동이 바로 용성의 계율정신을 계승하고 실천하려는 운동임을 암시하기도 한다.

한국불교에 폭풍적 신풍新風을 불러일으킨 것은 아무래도 경허의 출현이다. 그가 교화한 시간은 1879년의 오도悟道에서 입적까지의 34년간이지만, 그가 이름을 숨기고 자취를 감춘 최후 8년을 제한다 하더라도 28년이 된다. 용성의 오도는 경허보다 6년 뒤진다. 경허의 선법이

---

125 『영축총림 통도사 근현대불교사, 구하·경봉·월하·벽안 대종사를 중심으로』(상권) 대한불교조계종 영축총림 통도사, 2010, p.300.

126 박병기, 「용성 스님과 동산 스님-불교적 사회윤리의 두 지평」, 『한국불교 천년지성사』, 제4차 가산포럼 자료집, 2003, pp.232~237.

폭풍처럼 대지를 휩쓸고 나갔다면, 용성은 그 뒤를 이어 봄비처럼 뭇 대지 생명을 감싸고 가꾸어 갔다. 경허가 강종講宗에서 급선회하여 경절문徑截門에 뛰어들어 탕탕무애蕩蕩無碍로 천지를 흔들었지만, 용성은 처음부터 곧바로 심종心宗으로 들어가 조사 관문을 타파하고, 그 후에도 장기간을 걸쳐 수업修業한 후에 민족과 교단의 멍에를 짊어진 생애를 일관하였다. 이들은 최근세 한국불교의 큰 산맥을 이루고 있다.[127]

결국 조선임제종은 용성의 지도력에 의하여 임제선으로 존속되었다는 점, 이후 용성은 경허와 차별하고 환성지안 선사를 원사로 정하며 동산에게 법을 전하였다는 점 등을 고려할 때, 동산이 정화운동 전개 과정에서 선학원에 참여한 것은 바로 용성의 정신을 실현한 측면도 있다. 동산이 정화운동에서 불교의 전통을 지향한다는 것은 이처럼 선을 통해 수행 풍토를 확립한다는 의미를 담고 있다.

물론 일반적으로 선은 대중이 모이지 않아도 가능하고 사찰을 차지하지 않아도 가능한 수행법이었다. 실제로 경허는 선의 수행은 바로 행주좌와라는 의미로 개인이 스스로 선행을 할 수 있고 사찰에 거주하는 대중에게 피해를 주지 않아도 된다는 것을 잘 보여주었다. 하지만 현실적으로 보면 청정한 선승들이 좌선을 한다는 것은 사찰을 지키는 것이며 사찰을 운영한다는 의미를 담고 있다. 이렇게 볼 때, 동산이 수행처를 요구한 것은 또한 '사찰에는 승려들이 상주해야 한다'는 전통

---

127 光德, 「龍城禪師의 새불교운동」, 『새로운 정신문화의 창조와 불교』, 동국대학교 불교문화연구원, 1994, p.397.

적인 불교적 상식을 복원하려는 의지를 표명한 것이다. 일제시대 이후 대부분의 승려들이 사찰에 상주하지 않고 사하촌寺下村에 거주하면서 낮에는 사찰을 관리하고 밤에는 가정으로 돌아가는 현실을 고려하면, 이렇듯 다수의 승려들이 사찰에 머무르며 선 수행을 실천한다는 것은 그 자체로 한국불교의 전통성을 복원한다는 의미를 지니고 있었다.

이와 같이 일제 식민지 때부터 일부 선승들은 전통불교로의 복귀를 지향하고 있었다. 그리고 이러한 전통복원운동의 일환으로 경허와 용성은 선원을 개원하기도 했다. 그 결과 전국에 선승들의 수가 많아졌다. 그러나 선승들과 주지들의 의견이 합일화되면 당해 사찰에서는 선승들에게 선방을 허락하고, 주지들이 반대하면 선원은 중지되었다. 그런 상황이었기 때문에 선승들에게는 주지들의 간섭을 받지 않고 선 수행을 할 수 있는 도량이 필요했다. 게다가 선승들이 참여함에 따라 퇴락한 사찰의 모습들이 차츰 개조되어 가기도 했다. 이는 선승들의 입장에서 보면 조선 사찰 활용의 정당성을 강화해 줌을 의미하였고, 사찰에 상주하는 주지직이 절실하게 필요함을 의미하기도 하였다. 동시에 이는 선승들의 요구와 활동에 의해 일제 강점기에 익숙해진 조선 사찰이 불가피하게 변화될 수밖에 없음을 암시한다. 선승들의 논리대로라면 사찰에는 승려들이 거주해야 하고, 승려들이 거주함에 따라 비로소 사찰은 발전할 수 있다는 것이다.

이렇듯 조선의 선승들에게는 선학을 연구하는 도량이 아니라 정진의 터가 소중했지만, 현실적으로 선승들의 정진 장소를 마련하는 것은 쉽지 않았다. 게다가 일제시기에 왜곡되었던 구조가 변화하지 못한 상황에서 마련된 당시의 선원은 임시적일 수밖에 없었다.

이를 해결하기 위해 1952년 봄에 수좌였던 이대의는 수좌들의 수행
환경을 개선해 달라는 건의서를 당시 교정이었던 송만암에게 제출하였
다. 특히 1949년 제정·공포된 농지개혁으로 불교계, 사찰 경제가
위축되는 현실에서 선방의 폐쇄, 수좌의 생존 문제가 더욱 악화되었기
때문이다. 이러한 배경 하에서 만암은 건의서의 내용을 수용하여
교단 집행부에게 그 해결책을 강구하도록 지시하였다. 이에 통도사와
불국사에서 이 문제를 다루는 회의가 열렸고 18개 사찰을 비구 수행
사찰로 양도할 것을 결정하였다.[128]

그러나 당시 기득권 세력들은 1953년 11월까지도 수좌 전용의 사찰
할애라는, 한국불교 전통을 회복하기 위한 최소한의 약속도 이행하지
않았다. 교정인 만암이 지속적으로 그 이행을 교시했음에도 기득권
세력들은 이를 거부하였다.

이런 상황에서 대책을 모색하기 위해 선학원[129]에서 수좌들은 교단

---

128 김광식, 「한국현대불교와 정화운동」, 『대각사상』 제7집, 2004, p.17.

129 선학원은 경허의 불교사상을 발전시키는 것을 목표로 하고 있었다. 때문에
선학원은 이승만 시대 한국불교계의 정화운동을 결사할 때 정화운동 본부로
활동할 수 있었다. 이러한 관점에서 경허로부터 출발하였던 선의 결사가 용성·만
해로 전승되어 선학원이 건립되었고, 조선임제종의 선종을 표방하고 조선불교를
회복하는 데 선학원이 일정한 역할을 할 수 있었다. 선학원은 당시의 어려운
상황에서 조선불교를 회복한 도량이었다. 경허, 한암, 용성, 만공, 동산, 적음과
같은 선승들인 조계종, 특히 보조 문손의 정통성을 이었다. 선학원에서 불교를
회복하려고 했던 그 정신은 무엇보다 일제 강점기 원종과 맞선 역사에서도
드러난다. 선학원의 정통성은 조선불교를 일본불교화하려고 했던 원종에 맞선
데서 비롯된다.

정비, 대처승 축출, 사찰 정화 등에 관해 논의하였다. 1954년 9월
30일 선학원에서 승단 정화를 위한 역사적인 제1회 '비구승' 임시종회가
열렸다. 1954년 9월 28일과 29일 개최된 제2차 전국비구승대회는
종단 집행부를 구성하는 회의였다. 종정에 만암, 부종정에 동산, 도총
섭에 청담, 아사리에 자운, 총무부장에 월하, 교무부장에 인곡, 재무부
장에 법흥이 선출되었고, 종회의 의장과 부의장에는 효봉과 적음이
각각 뽑혔다.

1954년 전국비구승대회 추진위원회 위원장으로 금오는 전국비구승대
회 추진위원회 위원장으로 선출되었는가 하면, 다음해 1955년에는
대한불교조계종 부종정으로 추대되기도 하였다.[130]

물론 금오도 한국불교 정화에 뜻을 두고 있었다. 청정한 승단을
구성하지 않고서는 조계종을 바르게 지킬 수 없다는 뜻을 금오도 같이하
였다. 더불어 경허, 용성, 동산과 금오는 선맥에서 같은 뿌리로 내려왔
으며 불교조계종을 구성하는 문제와 조계종에 대한 뜻이 같았다.

'어지러운 세파와 타협함으로써 비굴한 물질적 향락에 빠져 있는 부패

---

130 금오는 선풍 진작과 교화 군생을 자아의 본분으로 여기면서도 거기에 만족하지
  않고 승단의 기풍을 보다 바르게 하고 불교 법통을 세워 삼보정재를 수호하여
  전 사찰을 명실상부한 수도장으로 만들어야 한다는 신념을 지니고 있었다.
  한국불교 정화운동을 함께 발의하여 정화운동의 선두에 섰으며 전체를 주관하고
  1955년에는 '불교조계종' 부종정으로 추대되기도 하셨다. 월산, 『금오집』, 동국역
  경원, 1974, p.187.

한 처대승을 배격하고 옛날 그대로 순수한 불교정신으로 돌아가자'는
기치 아래 전국 독신 수도승들은 24일 하오 2시 서울 안국동에 있는
대한불교 선리연구원에서 전국비구승대표자대회를 개최하였다. 이날
열린 동 대회는 지난 5월 20일자 이 대통령으로부터 현재 많은 승들이
처를 거느리고 있으니 이러한 승들은 물러나도록 하라는 요지의 사찰
정화에 관한 특별 담화를 계기로 하여 근 40년 동안 전국 30여 개의
대본산大本山을 관리하고 있는 처대승들은 물러나가도록 하고 독신
수도승들이 이에 대신하려는 취지에서 이번 대회를 열었다고 한다.
동 대회는 앞으로 3일간 계속될 것이라 하며 전국에서 참석한 대표자는
약 60여 명을 헤아리고 있다.[131]

조선일보는 전국의 비구승들 60여 명이 모여 선학원에서 비구승대회
를 열었다는 보도를 하였다. 불교 정화와 비구-대처 제1차 분쟁이
일어났던 사건이다

그동안 여기저기에서 비구승과 대처승들 간에 분쟁이 끊임없이 이어지
더니 드디어 사회의 문제로 등장하기에 이르렀다. 그래서 정부에서는
비구승들의 주장이 정당함을 이해하고 5월 21일 이승만 대통령의
불교 정화에 관한 제1차 유시가 내려졌다. 즉 "대처승들은 사찰에서
물러가고, 사찰소유재산은 반환하라"고 지시하였다. 그러나 대처승들
은 자신들이 가지고 있는 기득권을 포기하지 않았다. 불교계는 참으로
걷잡을 수 없는 소용돌이 속으로 휘말려갔다.[132]

---

131 조선일보, 1954. 8. 26.「帶妻僧을 反對 比丘僧 大會」

기존의 한국불교를 대변하고 있는 사찰인 태고사가 아니라, 오히려 당시 정화운동의 총본산은 선학원이었다. 선학원을 중심으로 초기 정화운동을 촉발시킨 선승은 선학원 조실인 금오였다고 말할 수 있다.

선학원 조실 금오 선사의 주관 하에 승단정화확대대책회의[133]를 선학원에서 개최한 바 80여 명의 수행 비구승 대표가 이 회의에 참가하여 정화대책위원회를 구성하고 정화불사에 착수하기로 결의하니 이때부터 선학원은 승단 정화의 총본산이 되었다.[134]

---

132 동산이 범어사에서 화엄경 법회를 가진 것은 범어사가 의상이 창건한 화엄종 사찰이라는 것을 강조하기 위해서였을 것이다. 동산은 의상의 창건에 대한 역사성을 고찰했을 것으로 짐작된다. 동산은 사찰 창건의 역사성을 중시하였다. 동산문도회, 앞의 책, p.386.

133 1954년 8월 24~25일 화·수요일 상오 9시에 중앙선원 법당에서 전국비구승대표자대회를 개최하였다.

　　대표자회의

　　1. 장소: 서울 종로구 안국동 40번지 선학원

　　2. 토의 사항: 식순에 의함

　　3. 결의 사항: 교단 정화, 도제 양성, 총림 창설

　　4. 조직체: 종헌제정위원 9명, 대책위원 15명, 참석자 5, 6명, 방청자 수십 명, 임석경찰관 지선명 외 2명, 기자 동아일보사 1명이 정중한 분위기에서 하오 5시경에 휴회하다. 차대회 취지는 왜정 40년 이래 전도된 我敎團을 정돈한다는 것이다. 식순에 의하여 승니교양의 건까지 마쳤다. 회의 진행 내용은 생략하고(회의록 참조할 것), 이순호 선사의 영산도 설명도 있었다. 한국불교승단정화사편찬위원회(1966), 앞의 자료, pp.44~45.

134 한국불교승단정화사편찬위원회(1996), 앞의 자료, pp.24~25.

120

한국불교 정화운동사에서 선학원의 역할은 대단히 소중하다. 선학원이 존재했기에 한국불교 정화운동의 결사가 결행된 것이다. 그런데 선학원은 범어사 오성월 주지의 지원이 없었다면 또한 건설될 수 없었다. 오성월 범어사 주지는 조선임제종을 세우는 데 함께하여 경허, 용성, 한암의 선 수행을 후원하였으며, 31본산 주지 가운데 조선 후기의 선불교를 중흥하려고 하였던 유일한 선승이었다. 이렇게 볼 때, 한국불교의 정화운동에서 선학원과 범어사의 관계는 매우 중요한 의미를 갖고 있다. 선학원에서 열린 전국비구승대표자회의에서 조계종의 명칭에 의한 종정을 선출하였다. 1954년 9월 29일 조계종 종정에 취임한 만암은 불교승단의 문제를 바르게 정화하려고 하였다. 조계종 만암 종정은 한국불교를 비구승 중심으로 개편하려고 하였다.

1954년 9월 28일, 29일 전국비구승대표자회의가 열려 종정에 송만암, 부종정에 하동산, 도총섭에 이청담, 총무원장에 박성화를 선출하였다. 그런데 당시 이들은 '정화 방법'을 둘러싸고 다소간 갈등을 일으키고 있었다. 즉 만암과 효봉 등은 '정화' 비구승들이 수도할 수 있는 수행도량을 얻는 데 그 목적이 있으므로 점진적으로 이 일을 추진해야 한다고 주장한 반면, 청담 등은 이와 같은 좋은 기회는 다시없으므로 강경하게 이끌고 나가야 된다는 주장을 폈다.[135]

선학원 측에서도 만암 종정을 추대하여 종정으로 모셨다는 것은 당시 만암 종정에 대하여서는 상호 신뢰가 있었다는 것을 알 수 있다.

135 만암대종사문집간행회, 앞의 책, p.425.

그러나 이러한 신뢰도 오래가지 못하고 조계종 종조 문제로 인하여 만암 종정이 선학원 측과 결별을 선언하게 되었다.

만암 종정은 종조는 고려의 태고국사 보우, 법통은 조선 중기의 중관해안으로 보았다. 반면에 효봉·동산·청담은 보조국사 종조설을 지지하고 태고보우 법통설을 주장하였다. 이에 만암은 이것이 환부역조라 하며 정화운동에서 이탈하였다. 선학원 측에서는 당황하였고 새로운 종정을 선출해야 했다. 만암 종정의 탈퇴로 인한 그 공백을 동산이 메우기 위해 행정적인 절차와 대중의 결의, 그리고 선학원 측에 의해서 종정으로 추대되었다.[136]

그리고는 가을에 또 태백산 각화사에서 동안거를 성만하였다. 세상은 어지럽고 할 일은 많았으나 동산은 오직 정진만이 그 모든 난제들을 해결할 수 있다고 가슴속에 굳게 다졌던 것이었다.

1차 수좌 대회에 모였던 비구들이 흩어져 돌아가고 뒤에 올라온 동산과 청담, 효봉, 금오 등을 중심으로 정화 실천 방안이 논의되었으나 뚜렷한 행동지침을 세우지 못한 채 겨울철 수행을 위한 동안거에 들어갔다.[137]

이런 와중에 1954년 5월 20에 이승만 유시가 내려졌다. 이승만의

---

136 종정 추대에는 동산의 수행력이 큰 영향을 미쳤다고 말할 수 있다. 수행의 힘이 없으면 선학원 측의 조계종 종정이 될 수 없다.

137 강석주·박경훈, 『불교근세백년』(민족사, 2002), p.208.

유시는 수행 공간조차도 교단을 통해 마련하지 못한 현실에서 불교 정화, 교단 정화를 갈망하던 수좌들의 열망을 자극하였다. 이렇듯 이승만의 유시에 의해 정화운동이 촉발되었음에도 불구하고 당시 동산은 범어사로 복귀하였다. 동산이 범어사에 복귀하던 날 수천 명이 화엄경 법회살림에 참여하기도 하였다.

이승만의 유시가 있었던 1954년 5월 20일에 동산은 범어사에 조실로 복귀하여 범어사 금어선원에서 정진하였고 또한 화엄경을 전파하기도 했다. 범어사는 선찰 대본산이면서도 화엄경 법회를 하였다.[138]

당시 정화운동의 총본산은 선학원이었다.

선학원 조실 금오 선사의 주관 하에 승단 정화확대대책회의[139]를 선학원

---

138 동산이 범어사에서 화엄경 법회를 하였던 것은 범어사가 의상 창건한 화엄종 사찰이라는 것을 강조하기 위해서였을 것이다. 동산이 그러한 의상의 창건에 대한 역사성을 고찰했을 것이라 짐작된다. 동산은 사찰 창건의 역사성을 중시하였다.
139 1954년 8월 24-25일 화·수요일 상오 9시에 중앙선원 법당에서 전국비구승대표자대회를 개최하였다.
   대표자회의
   1. 장소: 서울 종로구 안국동 40번지 선학원
   2. 토의상항: 식순에 의함
   3. 결의사항: 교단정화 도제양성 총림창설
   4. 조직체: 종헌제정위원 9인 대책위원 15명 참석자 수십 명 임석 경찰관 지산 명 외 2명 기자 동아일보사 1명이 정중한 분위기에서 하오 5시경에

에서 개최한 바 80여 명의 수행 비구승 대표가 이 회에 참가하여 정화대책위원회를 구성하고 정화 불사에 착수하기로 결의하니 이때부터 선학원은 승단 정화의 총본산이 되었다.[140]

한국불교계의 정화운동사에 있어서의 선학원의 역할은 대단히 소중하다. 선학원이 존재했기에 한국불교 정화결사가 결행된 것이다. 그런데 앞서 말한 바와 같이 선학원은 범어사 오성월 주지의 지원이 없었다면 건설될 수 없었다. 물론 오성월 범어사 주지도 조선임제종을 세우는데 명분은 경허, 용성, 만해의 선 수행을 후원하기 위함이었고, 조선후기의 선불교를 중흥하려고 하였던 31본산 주지 가운데 유일한 선승이었다. 이렇게 볼 때, 한국불교계의 정화운동에 있어서 선학원과 범어사의 관계는 매우 중요한 의미를 갖고 있으며, 그러한 점에서 양쪽 모두와 불가분의 관계에 놓여 있던 동산의 역할은 결정적이었던 것이다.

2. 동산과 이승만 그리고 정화운동의 점화

동산이 정화운동에 적극적으로 참여한 데는 선 수행 공간을 수좌들에게 배려해 달라고 이승만 대통령에게 고언했던 것이 계기가 되었다. 이전까지 정치적인 이해관계가 전혀 없었던 이승만 대통령과 동산 범어사

휴회하다. 차대회취지는 왜정 40년 이래 전도된 교단을 정돈한다는 것이다. 식순에 의하여 승니교양의 건까지 마쳤다. 회의진행 내용은 생략하고 (회의록 참조할 것) 이순호 선사의 영산도 설명도 있었다.
한국불교승단정화사편찬위원회(1966), 앞의 자료, pp.44~45.
140 한국불교승단정화사편찬위원회(1996), 앞의 자료, pp.24~25.

금어선원 조실은 수행 공간의 확보라는 절실한 목적을 매개로 만나게
되었고, 그 만남은 이후 엄청난 정치적 의미를 갖는 계기로 비화되었다.

1953년 1월 10일에 이 대통령은 동산과 두 번째의 상면相面이 있었다.
이 대통령이 주한미팔군사령관 벤푸리드 장군 부처夫妻와 함께 범어사
를 찾은 것이다. 약 1시간 가량 두 분이 같은 도량을 두루 돌아본
뒤, 떠나갈 무렵 동산과 이 대통령은 일주문 밖에서 서로 손을 마주잡고
이야기를 나눈다. 동산은 왜색승倭色僧들이 거의 모든 사찰을 장악하고
있는 조계종단인지라 수행승들의 거주할 사원이 없는 형편이므로
대통령께서 총무원에 명하셔서 삼보사찰만이라도 수행승들이 거주할
수 있도록 해 달라고 청하였다. 대통령은 해방 이후 일인(日人, 일본인)
들이 모두 물러갔는데 무슨 왜색승이 남아 있느냐 반문하면서 이
땅에 왜색승이 있어서는 안 된다고 단호히 말하였다.[141]

이 인용문에서 알 수 있듯이 동산의 최초 목표는 매우 소박하였다.
즉 불교계 내부에서 선 수행자의 수행 공간을 확보하는 것이 목표였다.
그러나 이승만의 인식은 처음부터 비구와 대처의 대립을 상정하고
있을 뿐만 아니라 왜색 청산의 의미를 내포하고 있었다. 더욱이 이승만
은 불교계의 정화운동에 내재된 비구승─대처승이라는 승려 자격 문제
를 직접 거론하게 된다.
이 만남이 있는 뒤 범어사에 거주하던 기존 승려들은 불교 정화라는
말에 분노하여 동산을 범어사 금어선원에서 추방하는 일을 자행하였

---

141 동산문도회, 앞의 책, pp.293~294.

다. 물론 그 주된 이유는 격문 때문이었다고 한다. 격문은 현존하지 않으나 불교 정화에 관한 내용이었을 것으로 보인다.

격문의 내용은 대략 다음과 같다 "나라가 해방이 된 지 여러 해가 지났다. 그러나 전국의 우리 불교는 아직도 왜색사판승들의 질곡桎梏에서 벗어나지 못하고 있다. 전국의 비구승들은 더욱더 단합하고 분발하여 1천 6백년간 지켜온 우리 불교의 청정계맥을 바로 세우고 흐뜨려진 승풍을 바로잡아야 한다"는 것이었다.[142]

결국 동산은 격문사건으로 추방당하고 말았다. 이 사건으로 인하여 비구-대처라는 문제가 불교계 내부의 정치사회적 이슈로 등장하였다.

동산은 격문사건으로 인하여 그 뒤에 범어사에서 결국 추방을 당하고 경북 영천의 은해사에서 지낼 수밖에 없었다. 그때 문교부장관이었던 김법린 씨와 전진한 씨가 급히 내려와서 범어사의 사판승들을 잘 설득시켜서 동산은 3개월 만에 다시 범어사로 돌아오게 되었다. 동산 선사께서 겪은 위와 같은 상황이 그동안 여기저기에서 끊임없이 일어났다. 비구승과 대처승들 간의 충돌은 날로 심하여지고 드디어 사회의 문제로 등장하기에 이르렀다.[143]

---

142 동산문도회에서 발행한 모음집의 격문 내용이다. 동산문도회, 앞의 책, p.295
143 동산은 격문사건으로 범어사 기존 주지들에 의해 밀려났다가 김법린 문교부장관과 전진한 승려에 의하여 범어사 대중들이 설득되어 돌아오게 되었다. 이 사건이 동산 선사가 불교 정화에 참여하게 된 한 요인이었다고 할 수 있다. 동산문도회, 앞의 책, pp.295~296.

이 추방사건은 이승만 정권과 동산 사이에 정치적 교류의 계기를 형성하였다. 실제로 당시 이승만 대통령이 불교계에 관심을 표하지도 못하고 있을 시점에 범어사에서 동산 금어선원 조실을 추방하는 우를 범하게 되었고, 결과적으로 그로 인하여 동산과 이승만 사이의 정치적인 교류가 진행되어 그것이 이승만의 정화 유시로 이어졌다고 말할 수 있다. 이승만 대통령의 첫 정화 유시는 1954년 5월 20일 발표되었는데, 이는 불교계의 급변 사태를 초래하였다. 실제로 이승만 대통령의 유시로 인하여 불교계의 정화운동이 촉발되었다. 결국 범어사 금어선원 조실 동산과 이승만 대통령의 만남에 의해 불교계의 수행 공간 확보라는 명분이 불교 정화운동으로 비화됨으로써 정치화된 것이다.

이러한 맥락에서 볼 때, 이승만의 정화 유시 이후 진행된 한국불교의 정화운동은 조계종의 정치성을 보여주는 대표적인 사례이다. 정화운동이 선학원 측의 선승들과 기존의 조선불교조계종 승려들 사이의 생산적 논쟁으로 진행되었다면, 그래서 이승만 정권에 불교계가 말려들지 않았다면 한국불교는 한국에서 가장 영향력이 있는 종교가 되었을 가능성도 있었다. 당시 이승만은 불교계를 정치적으로 이용하여 자신의 정치적 실정과 그로 인한 정치적 위기에서 벗어나려 하였고, 불교인들은 그러한 정치적 의도를 모르고 있었거나 알고 있었다고 하더라도 불교계의 갈등에 세속의 정치를 끌어들인 셈이 되었다. 그 결과 순수한 불교계 내부의 문제에서 시작된 정화운동은 세속적 정치권력에 의해 좌우되는 비주체적 운동으로 왜곡되기 시작하였다.

제2절 동산과 정화운동의 전개

1. 동산의 종정직 승계와 정화운동의 조직화

동산이 65세였던 1954년 선학원에는 한국불교의 정화운동을 전개하기 위하여 전국에서 선승들이 집결하였다. 선승들은 선학원에서 새로운 불교를 선포라도 하듯이 한국불교 정화를 선언하였다. 정화운동은 한국불교를 대표하여 동산의 이름으로 선포되었다. 이러한 정화 선언은 어쩔 수 없이 강제된 측면이 있다. 금오가 18개의 사찰에 대한 요구를 했을 때 대처승 측에서 그 요구를 수용했다면 정화운동은 전개되지 않았을 것이다. 물론 이는 일제 식민지 잔재 청산을 목적으로 하는 정화운동이 전개되지 않았을 것이라는 의미는 아니다. 대처승 측에서 수좌 수행 사찰을 제공하였다면 청산 작업은 역사 속에서 이루어진 것처럼 불교 내부의 치부를 외부에 공포하면서 공개적으로 진행되는 방식이 아니라, 불교적 방법에 의해 점진적으로 서로에게 상처를 주지 않는 방식으로 진행되었을 가능성이 높다는 뜻이다. 선원에서 수행만 하던 선학원 측의 선승들이 승려대회를 통해 불교 정화운동을 전국에 알렸다. 이러한 선언으로 선학원은 선승들이 모이는 집결지가 되었다.

1954년 9월 30일 제1차 불교 정화중앙회 임시회 개최, 대처승 측 종권과 사찰을 비구승 측에 인도하기로 결의. 10월 6일 비구승 대회에서 일본적 승려 정신 일소를 결의, 통영 미래사 조실 이효봉 태고사에서 단식 돌입. 10월 9일 하동산 등 300여 명 동참. 10월 10일 비구 대처승 양측 정화 회담 결렬. 10월 11일 비구 측 불교 정화를 위한 경무대

128

방문. 10월 15일 조계종 종정 송만암 〈정화 원칙〉은 찬동하나 방법론은 반대한다고 성명. 11월 3일 제2차 불교 정화 중앙종회 임시회 개최, 종정에 하동산, 종무원 도총섭에 이청담 선출.[144]

송만암 불교조계종 종정은 불교 정화운동에 있어서 정화의 원칙은 찬동하나 방법론에 있어서는 반대한다는 성명을 발표하였다. 또한 조계종 종정직을 탈퇴하였다.

이승만의 유시는 수행 공간조차도 교단을 통해 마련하지 못한 현실에서 불교 정화, 교단 정화를 갈망하던 수좌들을 자극하였다. 이렇듯 이승만의 유시에 의해 정화운동이 촉발되었음에도 불구하고 당시 동산은 범어사로 복귀하였다. 동산이 범어사에 복귀하던 날 수천 명이 화엄경 법회살림에 참여하기도 하였다.

양측은 점차 극단적인 대립 양상을 보이기 시작하였다. 이러한 시기에 조계종의 종조 문제가 제기되었는데 이것은 불 속에 기름을 붓은 셈이 되어버렸다. 이불화·이종익을 앞세운 비구 측이 조계종 종조를 보조국사로 해야 된다고 주장한 것이다. 이들의 주장에 의하면 정화운동은 단순히 대처 측의 절 몇 개를 할애 받거나 또 이들을 절에서 물러나도록 하는 것에 그칠 것이 아니라 잘못된 종통을 바로잡아야 한다는 것이었다.[145]

144 『한국불교총람』, 한국불교사연표, 한국불교총람편찬위원회. 1993, p.1363.
145 만암대종사문집간행회, 앞의 책, pp.425~426.

선학원 측에서 종정으로 추대하였던 만암이 종정을 사퇴하고 대처승
측에 적극 가담한 사건이 발생하였다. 이것은 선학원 측에는 대단한
충격이었다. 만암 종정의 탈퇴사건은 정화운동의 본질보다는 환부역
조換父易祖[146]라는 새로운 문제 때문에 발생하였다.

조계종조는 고려의 보조국사 지눌이며 태고국사 보우의 법통은 조선중
기의 중관해안이 위조하였다는 것이다. 이에 이청담, 하동산 등이
보조국사 종조설을 강력하게 주장하였다. 전통적인 태고보우 법통설
을 따르는 만암은 '이것은 환부역조'라면서 정화운동에서 손을 떼겠다

---

[146] "피등은 우리 태고종조에 대한 역손들이다. 우리 대한불교는 단일 종파로서
균일히 태고국사의 후손이다. 태고 이후 지금까지 6백여 년을 숭봉할 뿐 아니라
저의들의 스님 노스님도 모두 異議 없이 존사하여 왔으며 저의들도 출가 이후
금일까지 정종모발이 태고국사의 유풍여택에서 자라나고 배워 왔음에도 불구하
고 일조에 홀연히 종조를 배반하고 보조국사를 종조로 추대하는 것은 극악대대이
다. 자기의 所蒙祖의 도덕야 문장야 사업야 방조만 못한 사람이 세상에 허다하
다. 그러나 그것을 이유로 삼아 자기의 소몽조를 據棄하고 방조를 계승한다는
말을 듣지 못하였으며 설사 자기의 조증 이상에서 국법에 걸리어서 폐족이
되었다 할지라도 백방으로 주시하여 伸寃하는 일은 많지마는 폐족이 되지 않는
방계로 冒錄한다는 것은 듣지 못하였은즉 보조와 태고 두 분 사이에 어떠한
논의할 점이 있다 할지라도 그것은 문의 학자들의 학술적 논평에 지나지 못할
문제이고 태고국사의 後裔로서는 순혈에 감히 올리지 못할 것이 당연한 도리다.
古語에 '如聞父母之名하야 耳可得聞이언정 口不可道라' 하였으니 名字만 타인이
들먹여도 듣기만 하고 말을 못하거든 어찌 자기의 조상을 들어서 타인과 優劣可否
를 比較取捨하는가. 이것은 살부당과 같은 행동이므로 공산당이 소련을 조국이
라 함과 恰似한 것이므로 우리 종도로서는 共怒共誅할 죄악이요 호발이라도
용서할 수 없는 것이다." 『태고종사–한국불교 정통종단의 역사』, 종단사간행위
원회, p.282.

고 선언하고 백양사로 내려와 버렸다.[147]

불교의 정화운동에서 조계종의 종조로 보조와 보우 중 누구를 내세울 것인가 하는 문제가 발생하였는데, 만암 종정은 조계종의 종조를 보우라고 보았다. 그런데 선학원 측의 선승들은 조계종의 종조가 보조라는 결론을 내렸다. 이에 대하여 만암 종정은 이를 환부역조라고 비판하고 종정직을 사퇴하였다. 만암 종정의 공백이 동산 종정과 금오 부종정 시대를 마련하였다.

1954년 11월 3일, 제2회 임시종회를 개최하다.

1. 일시: 1954년 11월 3일

2. 장소: 서울 종로구 안국동 40번지 선학원

3. 참석회원: 31명

4. 개선된 임원

　종정: 하동산(동규) 범어사

　부종정: 정금오(태선) 팔달사

　아사리: 김자운(성우) 감로사

　재무부장: 김서운(한기) 갑장사

5. 개선 이유: 종회 구성 이래 2개월에 한하여 왔으나 그간 한 번도 참석하지 않아 사의가 표명됨으로 종정 외 재무부장을 개선함으로 이에 따라서 경질 임원도 있음.

6. 보선된 종회의원: 이대의 서울 선학원

---

147 만암대종사문집간행회, 앞의 책, p.426.

윤고암 나주 다보사

박금봉 예산 보정사

7. 추가 비구니: 정금광 정수옥 이인홍 이성우 이연진 안혜운

강자호 배묘전 배묘찬 유혜춘(計 10명)[148]

1954년 11월 3일 선학원 측 선승들의 임시 중앙종회에서 동산은 조계종 종정직을 수락하였고 한국불교 정화운동에 적극적으로 나섰다. 치안당국의 제지로 회의 계획이 불가능하리라고 예측되던 전국승려대회는 3일에도 무난하게 개최되어 서울 조계사 법당에서 상오 10시 10분부터 질서정연한 가운데 열렸다. 동 대회 제2일째 날에는 과거 총무원 측의 간부와 종정에 대해 불신임 결의를 하고 다시 개편 선출하였으며, 전문 101조와 부칙으로 되어 있는 종헌 개정안도 아울러 통과시켰다. 선학원 측에서는 동산을 종정으로 모셨으므로 만암 종정의 공백을 메웠다고 말할 수 있다. 이 사건을 계기로 선학원 측 선승들은 정화운동을 실천함에 있어서 더욱 강한 결단성을 갖게 되었다.

1954년 11월 3일 비구 측은 제2회 종회를 개최하여 임원진을 새롭게 정비[149]하였다. 1945년 11월 4일 이승만의 2차 유시가 발표되었다. 이 같은 과정에서 동산 종정은 불교조계종으로 간판을 부착하고 조계종

148 한국불교승단정화사편찬위원회(1966), 앞의 자료, pp.109~110.
149 송만암 종정 시대에서 하동산 종정 시대로 바뀌었다. 물론 환부역조라고 하는 송만암 조계종 종정의 의견에 선학원 측이 동조하였다면 송만암 종정은 조계종 종정직까지 버리지는 않았을 것이다. 잘 설득하여 조계종 종정직에 머물러 있도록 했어야 함에도 선학원 측의 선승들이 진언을 하지 않았다는 것은 문제가 있다.

의 종조를 보조라고 선포하였다. 정혜결사를 주장하였던 보조는 불교
조계종 종조로 추앙받게 되고, 보조의 정혜결사의 정신을 전승한 '불교
조계종'이라는 종명이 동산 종정에 의하여 선포되었다.

전국 비구승(比丘僧 독신자)들은 지난 9월 27일 시내 선학원에서 동
대표자 대회를 개최하고 교단에서의 왜승정신倭僧精神을 일소키로
결정하는 한편 조계종曹溪宗 종헌宗憲을 통과시켰다고 한다. 그런데
비구승과 대처승들은 오는 9일 회합하여 '대처승을 교단에서 호법대중
으로 환속시키느냐 아니냐' 하는 불계원칙佛戒原則에 의한 결정을 지을
것이라고 한다.[150]

당시의 언론인 동아일보에서 보도한 내용을 보면 왜승정신을 일소한
다고 하였다. 이처럼 전국의 비구승 측 승려들은 단호한 결의에 차
있었다.

1954년 11월 4일 선학원을 중심으로 전개된 정화운동 준비는 종헌
제정, 종단 집행부 선임, 기존 교단 집행부와의 대화 시도 등으로
이어졌다. 제반 준비를 마친 비구 측은 이제 한층 진전된 정화운동을
추진하였다. 곧 한국불교와 교단을 대표하였던 사찰인 태고사(현 조계
사)의 진입으로 구체화하였다.[151]

---

150 동아일보, 1954. 10. 28. 「倭僧精神 一掃 比丘大會서 決議」
151 대한불교조계종 교육원 불학연구소(2005), 앞의 책, p.200.

불교를 정화하려고 하였던 선학원 측의 선승들은 정화에 대한 준비 작업을 끝내고 정치적인 결단만이 남아 있었다. 이승만 대통령은 일본에 대하여 비판적인 입장을 취하고 있는 비구승 측에 적극적으로 지원할 것을 약속이라도 하듯이 선학원 측의 선승들의 의견을 청취하였다. 이승만 대통령은 2차에 걸쳐 유시를 발표하였다.

이 대통령은 지난 4일 일본식 정신과 습관을 버리고 대한불교의 빛나는 전통을 살리라고, 요지 내용은 다음과 같은 담화를 발표하였다. '우리나라에는 유명한 사찰과 불당이 있어서 각각 빛난 역사를 가졌으며 또 우리 불교는 중국과 일본불교에 비하여 특별히 탁월하고 특수한 기개를 가졌으며 또 육신상肉身上 부귀를 다 초개같이 보고 도를 닦아서 후생 인도하는 것이므로 도승과 지상 생불生佛이라는 사람이 많이 있어 내려온 것이다. 모든 승려들은 애국정신을 발휘해서 총궐기하여 일본의 정신이나 습관을 일체 버리고 조직을 전국적으로 완성해서 절과 암자 등의 건물을 차지하여 재산을 보유하여 수리개량 책임을 지도록 하여야 할 것이다.'[152]

이승만 대통령의 유시를 봉대하고 태고사를 접수한 비구승 측의 승려들은 불교조계종이라는 간판을 부착하였다. 비구승 측과 대처승 측은 태고사를 중심에 두고 대결이 고조되어 대화가 단절되고 말았다. 이제 극한 대립만 남았을 뿐 더 이상 화합으로 해결 방안을 찾을 수는 없게 되었다.

---

152 경향신문, 1954. 11. 6. 「倭式習慣 버려라 李大統領 佛教에 談話」

비구승 측은 11월 5일 종권 및 그에 부수된 종무 일체를 양도받기 위해 선학원을 출발하여 태고사로 진입하였다. 이 무렵부터 양측의 갈등 대립관계가 점차 폭력의 단계로 전환되어 갔다. 기존의 간판을 제거하고 불교조계종 중앙종무원과 조계사 간판을 달았다. 종단명을 '불교조계종'이라 칭하고 총본산의 이름도 태고사에서 조계사로 바꾸었다. 이는 종단의 명칭이 조계종이므로 총본산도 그에 걸맞게 조계사로 정하자는 취지로 보인다. 또한 고려의 조계종조 보조국사를 종단의 종조로 택하여 대처 측이 주장하는 태고종조설과 여기에 바탕을 둔 태고사와 단절의 의미가 담겨 있다.[153]

선학원 측은 1954년 11월 15일 송만공 대선사의 기제사를 태고사 대법당에서 성대하게 거행하였다. 대처승 측의 종정 송만암은[154] 비구승들이 태고사에 진입한 것에 반대하였다.

선학원 비구 측은 전국에 약 350명 가량의 비구승이 있으니 현재 선학원에 집결 중인 하동산을 중심으로 한 비구승은 70명에 불과하며, 그 외 280명 정도는 총무원 측에 포섭당할 기세가 적지 않다. 비구 측에서는 대통령 유시를 유일한 무기로 당국에 호소하여 그 원조 하에 전국불교 주도권을 장악하고자 노력하였다.[155]

153 대한불교조계종 교육원 불학연구소(2005), 앞의 책, p.200.
154 한국불교승단정화사편찬위원회(1966), 앞의 자료, p.131.
155 『태고종사-한국불교 정통종단의 역사』, 종단사간행위원회(2006), pp.276~277.

1954년 11월 20일 조계사 대법당에서 기성종단 종회를 개최하고 비구승들의 정화불사에 반대하여 조계사 간판을 떼고 태고사 간판을 붙였는데, 이런 일이 반복되었다.

최근 비구승比丘僧과 대처승帶妻僧 간의 불교단 주도권 장악을 위요한 파쟁이 악화되어 심각한 상태에 돌입하였거니와 지난 15일 문교부에서는 '비구승'과 '대처승' 간의 양파 대표를 소집하고 동 파쟁의 사태 수습을 위한 회의를 개최한 바 있으나 아무런 성과도 얻지 못하였다. 이날 상오 10시부터 장시간에 걸쳐 개최되었던 동 회의에서 양파 대표들은 서로 일방적인 조건만을 내세웠다고 하는데, '비구승' 측에서도 '대처승'은 승려가 아니니 불교의 호법중護法衆으로 대외적인 사무적 분야만을 담당하고 '비구승'은 수행승단修行僧團으로 도에만 전력하도록 하자고 제안하였다고 한다. 결국 이날 회의에서는 아무런 합의도 보지 못하고 오는 20일 전국교구대회를 소집케 되었다고 한다.[156]

1954년 11월 22일 권상로 씨가 태고국사의 종파사적 의의에 대해 강의를 하고 오후에는 태고 문손 회의를 개최하여 태고국사를 봉제하고 종을 세워 대처한帶妻漢 중에서 독신을 선택하여 비구 승단을 구성하여 그들에게 교단 운영을 이양하자는 결의가 이루어졌다. 그래서 대처 측에서 소장파들이 울분鬱憤한 생각으로 볼 때에 아마도 제3세력의 음모가 보인다 해서 피측彼側의 부당성과 악선전을 반박하는 선언을 대중 앞에 방송하며 조계사 간판을 다시 붙였다.[157] 특히 이 사건에서

---

[156] 동아일보, 1954. 11. 17. 「文敎部調整도 水泡 佛敎團體의 紛爭」

136

태고보우 문종이 대처승의 지위보다 대처승의 내부에서 비구승을 등장
시켰다는 점은 결정적인 의미를 갖는다. 이승만 대통령은 또다시 담화
를 발표하였다.

우리나라 불교계의 정화를 도모하기 위하여 일본식 불교를 숙청하고
대한불교에 다시 돌아갈 것을 종용한 바 있었는데, 작 19일 또다시
담화를 발표하여 중앙이나 지방에서는 한국불교와 일본불교를 나누어
놓고 일본식 중들은 차차 양보하고 충돌 없이 자발적으로 해 나가도록
권면해야 할 것이라는 점을 또다시 강조하였다.[158]

이승만 대통령의 담화가 발표된 이후 선학원 측의 선승들이 태고사를
점령하는 시도를 하면서 유혈 사태가 발생하였는데 조선일보에서는
불교계 정화의 무자비성에 대하여 기사를 실었다.

대자대비大慈大悲한 불상 앞에서 비구승과 대처승이 서로 어울러 싸워
서 유혈이 낭자하였다고 한다. 시비곡직是非曲直은 여하如何튼 간間에
불교佛敎의 정신精神을 위爲하여 슬퍼할 일이다. 벌래 한 마리도 살생을
함부로 하지 않는 것이 불교의 참된 자비정신이 아닌가. 그런데 그들이
아침저녁으로 불경을 외우면서 그의 뒤를 따르겠다고 합장하는 부처님
을 앞에 놓고 어떻게 기왓장으로 때리고 주먹으로 치고 하여 붉은

---

157 한국불교승단정화사편찬위원회(1966), 앞의 자료, pp.141~142.
158 동아일보, 1954. 11. 20. 「大韓佛敎로 돌아가라, 李大統領 佛敎淨化에 다시
   談話」

피를 흘리게 한단 말인가?[159]

이승만 대통령의 유시 발표로 선학원 측의 선승들은 큰 힘을 얻었다. 그리고 태고사의 승려들은 태고사를 지키기 위하여 저항하였으나 힘이 부족하였다. 유혈이 낭자한 부처님 도량에서의 행위는 모두가 잘못이라고 말할 수 있다. 불교의 역사를 바르게 고찰해야 함에도 불구하고 정화란 이름으로 태고사를 강제 점령한 것은 비판받아야 한다.

이 대통령으로부터 불교 정화 유시가 내린 이후 대처승과 비구승 간에 분규를 거듭해오던 바, 이의 수습책으로서 1954년 11월 20일부터 시내 태고사에서 열린 전국불교종무회의에서는 23일 대처승들이 불교 종단 간부 및 각 사찰 주지직으로부터 물러가는 동시 태고 문종인 수행승들이 이에 대리케 한다는 것에 합의됨으로써 불교계의 분규는 일단락을 짓게 되었다.[160]

이러한 보도에서 보는 바와 같이 태고 문손과 보조 문손이 상호 합일점을 찾아보려고 노력을 하기도 했다. 불교조계종에서 비구승으로 소임자를 새로 구성했다. 이는 불교조계종 안에서 처를 거느리고 있던 간부들을 새로 구성하여 발표한 것이나 다름없다.

불교 총무원 진영은 총사직하고 신 부서를 비구승으로 선출한 바

---

159 조선일보, 1954. 11. 22. 「佛教淨化의 流血劇」
160 동아일보, 1954. 11. 25. 「佛教紛爭 段落 全國宗務會에서 合議」

대처승과 대립되어 오던 비구승 측의 대표 이순호·정금오·윤월하·하동산·이효봉 등은 제외하고 장차 대처승의 조종에 좌우될 수 있는 유화론자, 즉 대처승과 대립하고 있는 비구승 측에 가담치 않고 대처승 측에서 개최 중인 종회에 참석하고 있던 자인 임석진·정봉모·박본공·김상호·국묵담·박성권 등의 비구승을 중앙총무원장을 비롯한 각 부장으로 선출하였다.[161]

이는 선학원 측의 선승들이 요구하는 한국불교 정화운동에 있어 무리수는 아니었다고 말할 수도 있는데, 대처승 측에 가담하고 있는 비구승들은 자신들이 정당하다는 모습을 보이고 있었다. 임석진을 비롯한 많은 스님들이 비구승들로 교체되었다. 불교 내의 주도권을 쟁탈하는 비구승과 대처승 간의 분규는 바야흐로 절정에 달한 느낌이 있어 두 차례나 유혈극까지 벌어졌다. 1954년 11월 23일 당시 수사당국에서는 그 사건을 포함하여 그동안의 조사 결과를 고위층에 보고하였는데, 그 내용은 대략 다음과 같다.

'자파세력自派勢力 부식扶殖에만 열중
대통령 유시諭示를 무기삼은 비구승'
대한불교 조계종단 내에는 신라 선종 도굴산의 개조인 통효품일通曉品日 대사大師의 법통을 계승하였다는 비구승과 신라 도의국사道義國師가 창건한 가지산문迦智山門에서 기원되어 고려 보국사普國師 태고太古 보우국사에 기인되었다는 기존 세력인 대처승의 두 가지 종파가 있는

---

161 『태고종사-한국불교 정통종단의 역사』, 종단사간행위원회(2006), p.276.

데, 일정 40년을 통하여 현금까지 중앙총무원을 비롯한 남한 각지의
사찰은 대처승들이 관리하고 있어 비구승은 걸인행각을 하면서 불교
정화의 기회만 노리고 있던 중 대통령으로부터 '사찰 경내 정화를
위하여 대처승은 물러가라'는 유시가 발표되자 이에 용기를 얻은 비구
승들은 지난 9월 28~29일 양일간에 걸쳐 대회를 열었다. 그리고
별도로 조계종헌을 제정하고 기성 기구 및 종헌을 부인하는 한편,
1. 대처승은 승적에서 제거할 것
2. 대처승은 호법중으로 할 것
3. 교권은 비구승에게 환원할 것 등을 주장하였다.

이에 대하여 대처승 측에서는 중단 기관장 회의를 열고
1. 삼보三寶 사찰인 통도사, 해인사, 송광사를 비구승에게 수도장으로
제공한다.
2. 불교 발전을 위하여 분종한다.
3. 호법중은 될 수 없다라고 주장하였다.
그러나 비구승들은 이에 응하지 않았고 대표 이순호, 하동산, 윤월하
등은 10월 11일 경무대를 예방하고 불교 정화를 위한 강력한 유시를
다시 내려주기를 소원했다. 그러하던 중 11월 4일 대통령 유시가
재차 발표되자 11월 5일 태고사를 점유하는 동시에 '불교총무원' 간판을
제거하고 '불교조계종 중앙총무원'이란 간판이 붙었다.[162]

1954년 11월 28일 조선일보의 이 기사는 정부기관이 고위층에 보고

---

[162] 조선일보, 1954. 11. 28. 「佛敎界紛爭의 裏面」

한 내용을 보도한 것이다. 이에 선학원 측 선승들은 승려대회를 통해
정화운동을 알렸다.

> 대회 기일을 하루 연기하여 13일로 막을 닫게 될 전국 비구·비구니대회
> 는 예정대로 토의를 진행하였는데, 동 대회에서는 '교단사무인계'로
> 논의의 초점이 집중되어 이를 처결하기 위한 위원 5명을 선출하여
> 관계당국과 절충케 하였으며, 한편으로는 오랫동안 계속된 불교계의
> 분쟁을 조속히 해결하기 위한 간접적인 행동으로 '단지순교'·'한중기
> 도'·'통곡호소' 등을 하기로 결정하고 하오 2시부터 시위행렬로 들어가
> 경무대 앞으로 몰려가서 대통령의 면접을 요청하였으나 도중에서부터
> 경찰관의 제지를 받아 5명의 대표만이 관저에 들어가서 비서실을
> 통해 조속한 시일 내에 해결책을 강구하겠다는 말을 듣고 하오 5시가
> 지나서 산회하였다.[163]

선학원 측의 선승들은 1954년 12월 10일부터 13일까지 전국비구승대
회를 태고사에서 열기로 했는데, 대처승 측의 방해로 열지 못하자
선학원에서 대회를 열고 경무대를 향해 행진하였다. 또한 1954년 12월
10일 전국 비구·비구니대회에 즈음하여 하동산 종정의 이름으로 정화
운동 선언문이 발표되었다.

정화선언문淨化宣言文
불교佛敎는 청정淸淨의 교문敎門이다. 청정으로써 미망을 제除□하며

___
163 동아일보, 1954. 12. 15. 「紛爭解決呼訴 比丘僧들 열지어 景武臺로」

청정으로써 세탁穢濁을 전화轉化하여서 상락범자常樂梵字를 실현함이 이른바 불교요 불원佛願이다. 또 불수행이다. 저 제불諸佛이 정의淨意로써 의리義理를 삼고 중성衆聖이 정거淨居로써 의지依支를 지음이 진실眞實로 우연함이 아니다. 불화佛化가 동류東流한 지 이제 1600년에 정일淨日이 상조常照하고 정등淨燈이 상속相續하여 해동일구海東一區로 하여금 뚜렷이 정법수기淨法受記의 □토土□이루었더니 시대의 탁류濁流가 불도佛徒의 신근信根을 동요動搖하고 이 틈을 타서 군마群魔의 도랑跳浪과 만장萬障의 분등紛騰을 본 것은 아 하등何等의 법난法難이며 하등何等의 교화敎禍인가. …(중략)… 해동海東의 불교는 금일今日로써 신기원新紀元을 삼아서 인천화도人天化導의 도정途程에 재출발再出發하게 된 것을 불자佛子여 명기銘記하여 망각忘却하지 말지어다.
불기佛紀 2982년 8월 3일
한국불교조계종韓國佛教曹溪宗 대표代表 하동산河東山[164]

한국불교조계종 대표 하동산의 이름으로 전국비구승대회에 호소문을 발표하였다. 이처럼 동산은 한국불교 정화운동의 중심인물이었고 정화운동의 선봉에서 한국불교의 정통성을 회복하고자 하였다.

불교 정화운동 제3일째이며 마지막 날인 13일 2시 태고사를 출발한 약 5백 명의 스님들은 전국 각 사찰에서 모여들어 불교 정화를 위한 투쟁을 과시한 것이다. 머리를 빡빡 깎은 스님들이 회색 법의를 걸치고

---

[164] 김광식, 「하동산의 불교 정화」, 『한국불교지성인의 탐구』(도피안사, 2010), pp.675~676.

142

눈 내리는 서울 시가를 시위행진한 것이다. 물론 처를 갖고 있던 대처승을 불교계에서 물리쳐야만 정화가 될 수 있다는 비구와 비구니 스님들의 시위행진이었다. 7명의 비구승과 비구니 등 대표들은 행진 후 경무대를 방문하고 대처승들의 비행을 시정시키는 조속한 조치 있기를 호소하였다.[165]

경향신문의 보도에 따르면, 비구·비구니들이 시위하면서 경무대를 방문하여 이승만 정권에 대처승 문제를 해결해 줄 것을 요청했다. 이렇듯 이승만 정권에 힘을 빌려 줄 것을 호소하였던 행위는 비판받을 여지가 있다.

산속에서 모여 나온 비구승들은 8월 16일 안국동 선학원에서 이 대통령의 담화에 호응하는 제1차 비구승대회를, 9월 28~29일 양일에 또 2차 대회를 열고 불교기구 종헌宗憲을 부인하는 한편 새로 불교조계종의 헌장을 제정하고 종조는 보조국사普照國師로 갈 것을 주장하고 각 부처 간부를 비구승으로 개선 결정하였다. 이리하여 총무원과 감찰원의 영도권을 일제日帝 조종 하에 갖고 있었다는 대처승들은 배척을 받게 되고 2대 종파의 불교가 나타나게 되었다. 여태까지 영토권을 장악하고 있던 대처승들은 비구승들의 육박에 대비하여 6월 2일 정기총회를 열고 타협안을 내놓게 되었다. 동 타협안은 전국에 산재해 있는 사찰 중 50개 사찰을 비구승에게 주고 대처승의 처자는 절간 밖으로 옮기기로 결의한 것이었다. 그러나 비구승은 완강히

경향신문, 1954. 12. 15. 「比丘僧들 示威 13일 景武臺 앞에서」

동 타협안을 일축하고 오히려 '전국 사찰관리권을 비구승에게 돌리는 한편 대처승은 승적僧籍에서 제명되어야 한다'고 배척하였다.[166]

1954년 12월 25일 선학원에서 이승만 대통령의 정화 유시를 봉대하는 대회를 개최하고 대책회의에서 불교 정화추진 대책안을 작성하고 아래와 같은 조항이 성안되었다. 이것을 발표하여 당국에 제의할 예정이었는데 내용은 다음과 같다.

(1) 대처승의 수중에서 생긴 승단(독신승) 및 종헌은 인정치 않는다.
(2) 불교 조계종 종단 사무소 일체는 즉시로 불교 정화를 추진하여 온 정통 비구 승단에 인계하여야 한다.
(3) 종조 문제는 공정을 기하기 위하여 전국적으로 권위 있는 사학가들의 고증을 듣기로 하고 당분간 문제 삼지 않는다.
(4) 종헌은 한국불교 정화를 추진하여 온 정통 비구승대회에서 제정통과 선포한 조계종 헌장으로 한다.
(5) 중앙종무원 간부 및 지방종무원 간부는 전기前記 조계종 헌장에 의한 종회의원이 선출한 바대로 한다.
(6) 퇴속한 대처승은 호법대중의 규정으로서 포섭한다.
(7) 비구·비구니는 제가구족계를 수지하는 자로서 수도와 교화의 의무를 다하는 자라야 한다. 호법대중은 제가5계를 수지하고 승단의 위촉에 의하여 포교사, 전도사 및 사찰총섭 대행과 삼장 등을 할 수

---

166 경향신문, 1954. 12. 20. 「佛敎界의 內紛, 大統領談話로 發端 話題 싣고 "淨化"는 繼續」

있다. 단, 위촉받은 호법대중은 비구 승단과 동일한 청규를 준행하여야
한다.

(8) 총섭이 될 수 있는 자는 비구·비구니로서 대찰은 40세 이상으로
10하안거 이상과 대교를 졸업한 자나 또는 그와 동등한 자격자로서
하고, 중소 사찰은 25세 이상으로 하되 5하안거 이상과 사교를 졸업한
자나 또는 그와 동등한 자격자로서 한다.

(9) 전국 비구·비구니대회에 미참한 비구·비구니 자격 심사는 조계종
종회에서 추대한 10하안거 이상의 학덕이 겸비한 비구 15인으로 구성
된 위원회에서 한다.

(10) 비구·비구니와 호법대중이 범계하는 시에는 율장에 의하여 처분
한다.

(11) 호법대중은 그 가족을 사찰 경외로 이동하고 경내의 사가는
철거케 하되 사우舍宇로 사용할 수 있는 것은 사가라 할지라도 그대로
두고 소유권 등기 여부를 막론하고 사유재산寺有財産으로 한다.

(12) 비구·비구니 자격 표준은 율장에 의준依準한다.

　　　　단기 4287(1954)년 12월 25일 전국 비구·비구니대회.[167]

불교 정화운동을 전개하고 있는 선학원 측의 선승들은 대처승의
지위를 인정하지 않으려고 하였다. 그런데 대처승 측에 참여하고 있는
비구승의 문제가 새롭게 제기되었다. 이러한 문제를 바르게 해결하지
못한 상태에서 비구승의 모습만을 강조하다 보니 정화의 본질은 이미
상실하고 말았다.

---

167 한국불교승단정화사편찬위원회(1996), 앞의 자료, pp.205~206.

전국 비구·비구니대회에서 불교 정화추진 대책안이 통과[168]되어 당국과의 대화를 시도하려고 하였을 때에 대처승 측에서도 대한불교조계종포교사대회를 태고사에서 개최하려고 하였다가 대회 장소를 개운사로 옮겨 개최하였다.

1955년 1월 5일 서울 안암동 개운사에서는 제1회 대한불교조계종포교사대회가 열렸다. 이 대회는 애초에 총무원이 있는 태고사에서 개최하기로 되어 있어서 그렇게 공고도 했었으나 태고사의 난방 시설이 불충분하여 개운사로 대회 장소를 옮겨 개최되었다.[169]

1955년 1월 7일 작일昨日 대처승들은 회의중지會議中止를 당한 채 해산하지 않고 체재滯在하면서 백방百方으로 회의 진행을 추진하였으나 비구승 오십여 명이 개운사開運寺에 출동出動하여 법당法堂에 들어가니 대처승帶妻僧만이 오십여 명이 남아 있었다. 차此를 저지沮止할 기세氣勢가 당당當當하였는데 성북서원城北署員 20여 명이 임석臨席하여 분규방지紛糾防止를 준비準備하고 하는 말이 무허가無許可 집회集會는 절대絶對 책임責任지고 방지防止할 터이니 돌아가라 하였으나 우리 측에서는 개운사 경외境外 2km 정도程度에 후진後進하여 오후午後 6시경六時頃에야 비로소 시내市內로 향向하였다.[170]

---

168 『한국불교총람』, 한국불교총람편찬위원회(1993), p.1364.

169 『태고종사-한국불교 정통종단의 역사』, 종단사간행위원회(2006), p.287.

170 한국불교승단정화사편찬위원회(1996), 앞의 자료, p.237.

1955년 2월 4일 문교부 장관실에서 회담한 결과 사찰 정화에 대하여 사찰 수호자인 주지의 자격을 지정한 이외에 모든 문제는 종단 내에서 해결하기로 되었다.

1955년 2월 15일 신문 기자들이 청담과 인터뷰를 하는 과정에서 "만일 비구 승단이 승리하여 전권을 잡을 경우 종조 문제는 어떻게 하시겠습니까?"라고 질문하자, 청담은 "승사에 밝은 학승 학자들을 모아 공청회를 통하여 결정하겠소만 내 개인적으로는 보조국사를 종조로 모시는 것이 좋다고 봅니다"라고 개인적인 소견을 말했다. 이를 기자들이 신문에 실으면서 종조는 보조국사로 결정지었다고 발표하였다. 이를 백양사에서 듣고 만암 종정은 곧 상경하여 조계사에서 청담에게 환부역조 祖換父易祖한 사람과 종단 일을 함께할 수 없다고 종정을 사임하고 급선회하여 대처승 측에 가담하고 말았다. 이로부터 정화 불사는 실로 비구와 대처 간의 치열한 싸움으로 휘말리게 되었다.[171]

동산은 보조를 종조로 하고 경허·한암·용성·만공이 수행을 중심에 두고 출범한 불교조계종 종단의 종정직에 오르게 되었다. 이 모든 것은 만암이 종정직을 사퇴한 결과였다. 만암의 탈퇴야말로 한국불교 정화운동사에서 가장 큰 손실이다. 조계종의 종조 문제를 상호 협의하여 결행하였다면 문제는 없었을 법하다. 만암 종정의 존재를 인정했더라면 그러한 일은 일어나지 않았을 것이다. 선학원 측에서 주장한 종조의 문제는 한마디로 혜능의 수행법은 수행법이 아니라 신수의

---

171 『동산 대종사문집』, 동산 대종사문집 편찬위원회, 1998, p.309.

수행법에 역행하려는 행위라는 것이다.[172] 조계종에서 한국불교 교단
정화운동을 시작하여 만암 종정이 이탈함에 동산은 종정 지위에 오르게
되었다. 만암 불교조계종 종정이 조계종의 종조에 대하여 환부역조라
고 말할 때에 동산은 불교 교단 정화를 위하여 침묵하고 있었다. 불교
교단을 정화하지 않고서는 불교의 발전은 없다는 신념이었을 것이다.

불교조계종이 환부역조설[173]라는 단어를 사용했을 때에도 동산은

---

[172] 종조문제에 관한 만암의 견해는 『만암문집』(만암대종사문집간행위, 1997)에서
볼 수 있다. 일례로 235쪽에 "李大統領의 諭示가 나오게 되었으니 이 기회에
우리 比丘가 총궐기하여 太古禪師를 宗祖로 崇仰하는 獨身僧과 帶妻僧을 배척하
는 동시에 韓國 僧侶는 모두 太古禪師의 門孫임에도 불구하고 宗祖 太古禪師를
一朝에 抹殺하고 普照國師로 바꾸어 놓았으니 이에 全國 僧侶가 紛糾를 일으키게
되었다."

[173] 1954년 9월 30일. 선학원에서 승단 정화를 위한, 역사적인 제1회 '비구승' 임시종회
가 열렸다. 1954년 9월 28~29일 개최된 제2차 전국비구승대회서 선출된 종회의
원들이 모여, 종단 집행부를 구성하는 회의였다. 종정에 만암 스님, 부종정에
동산 스님, 도총섭에 청담 스님, 아사리에 자운 스님, 총무부장에 월하 스님,
교무부장에 인곡 스님, 재무부장에 법홍 스님이 선출됐고, 종회의장·부의장엔
효봉·적음 스님이 각각 뽑혔다. 한국불교는 이때부터 '본래면목'을 회복하는
데 필요한 '고난' 속으로 본격적으로 들어간다. 이러한 때인 1954년 10월 3일.
"교단의 중요한 사상적·역사적 법통을 다루는" '종조논쟁'이 선학원에서 일어난
다. '태고 법통설'을 따르는 퇴경 권상로와 '보조 법통설'을 주장하는 불화 이재열
이 한자리에 모여 쟁론을 벌인 것이다. '근·현대 종조론'은 주지하다시피 이능화
의 『조선불교통사』 하편(신문관, 1918)에 적혀 있는 "보조후시설조계종(普照後
始設曹溪宗. 보조국사 이후 비로소 조계종이 설립됐다)"이 시발이 됐다. '조계종
종조를 어떤 분으로 할 것이냐'(조계종 종조설) 논의는 이후 일제시대부터
지속적으로 제기됐고, 지금도 그 여진은 남아 있다. 현 대한불교 조계종은 종헌에

비구승에서 종헌을 제정하고 종헌에 의하여 종조를 보조와 태고를 불교조계종 종헌에 명기하였다면 화합하였을 법하다.

어쨌든 기존의 불교 종단과는 별도의 조직, 즉 선학원에서 전국비구 승대회를 통해 종단의 집행부를 구성하였다. 65세가 된 동산은 종정직에 오르고, 대중들과 함께 단식에 참여하였다. 이렇듯 동산은 정화운동을 전개하면서 보조를 숭상하는 종단의 종정에 올라 한국불교를 대표하게 되었다.

이 대회와 종헌에서 나타난 가장 중요한 사실은 기존 대처승들을 승려로 인정하지 않고 재가불자인 호법중으로 처리하였다는 점과 종조를 태고국사가 아닌 보조국사 지눌로 정했다는 것이다. 대처 측이 종조를 태고국사로 모셨다는 점에서 보조 종조론은 대처 측과의 차별화를 명확하게 보여주는 것이었다.[174]

바로 이러한 때에 만암 전 종정은 백양사에서 대처승 측에 가담함으로써 대처승 측의 기세를 올려 주었다. 만암 전 종정은 당시 존경을 받았던 선승이며 학승이었기에, 보조를 종조로 하는 선학원 측에는 대단한 손실이 아닐 수 없었다.

도의국사가 종조임을 명기하고 있는데, 이 설은 일찍이 한암 스님과 퇴경 권상로에 의해 제기됐다. 이렇게 개화된 종조설은 1930~40년대 이르러 새로운 국면에 접어든다. "격렬한 논쟁이 진행되면서 조계종사 연구의 수준을 한 단계 향상시킬 수 있는 계기가 이때 마련된다"는 점에서 그렇다.(조병활, 「조계종조는 누구인가」, 『해인』 232호, 2001, p.10).

174 대한불교조계종 교육원 불학연구소(2005), 앞의 책, pp.198~199.

한국불교의 종조는 보조국사라고 주장하는 이불화·이종익과 태고국사라는 권상로 사이에 논쟁이 일어난 것이다. 이불화·이종익은 자기들의 주장 때문에 총무원 측으로부터 심한 푸대접을 받은 적이 있었는데, 그때는 이 두 사람을 지지해주는 승려들이 없었으나 지금은 비구승 측에서 지지하는 입장에 있었다. 이렇게 비구승 측에서 보조국사 종조설을 지지하자 종정 송만암은 비구승이 환부역조換父易祖한다고 힐난하고서 정화운동에서 손을 떼고 대처승 측에 가세하고 말았다.[175]

상기하건대 만암 종정의 탈퇴로 인하여 선학원 계통의 비구승은 불교조계종의 간부를 정비하고 기존의 총무원을 향해 시위를 하게 된다.

1954년 11월 4일 선학원을 중심으로 전개된 정화운동의 준비는 종헌 제정, 종단 집행부 선임, 기존 교단 집행부와의 대화 시도 등으로 이어졌다. 제반 준비를 마친 비구 측은 이제 한층 진전된 정화운동을 추진하였다. 곧 한국불교와 교단을 대표하였던 사찰인 태고사의 진입으로 구체화하였다.[176]

2. 동산의 연임과 정화운동의 폭력화

정화운동이 촉발되면서 한국불교는 대중과 함께하는 화합의 의미를 상실하고 말았다. 그럼에도 불구하고 선학원 측의 동산은 종정직을

---

175 강석주·박경훈, 『불교근세백년』(민족사, 2002), pp.211~212.
176 『조계종사』(근현대편), 대한불교조계종 교육원 불학연구소, 2005, p.200.

150

연임하면서 정화운동에 더욱 박차를 가하였고, 그러면 그럴수록 정화
운동은 정치화되고 또 폭력화되어 갔다.

  결과적으로 동산 종정 시대에 선학원 승려들이 태고사에 진입하여
한국불교 정화에 대한 강경책을 통해 조계사를 강점하였다. 한편 동산
은 신문에 성명서[177]를 발표하였다. 그 성명서에서 그는 정화운동의

---

177 聲明書. 한국불교는 과거 40년간의 倭帝侵略毒牙에 여지없이 破壞되고 해방
   이래 왜식 승배의 跋扈로 인하여 一路衰頹의 悲運에 빠져 있었던 바이다. 이제
   정법호지의 旗幟下에 전국의 청정수도비구승들이 일치단결하여 교단 정화에
   순교 정진할 것을 맹서하고 '한국불교 조계종헌장'을 선포하였다. 본종은 영명하
   신 이 대통령 각하의 유시를 奉體하여 교단을 再整하고 조도를 부흥하며 안으로
   대화 단결하여 성불작조의 자증도를 실천하며 밖으로는 전법도생 국리민복에
   헌신하고 나아가서는 인류의 복지 증진과 국제적 평화 유지에 봉공할 것을
   공약한다. 본종은 본종 종헌과 종법 시행에 있어 좌기요령을 만천하에 성명하며
   국민가위의 절대하신 지지성원을 希願하는 바이다.
   1. 한국불교는 종풍상 법통상 본종에 귀일되었으니 한국 내에서는 본종 이외
      타종파가 있을 수 없다.
   2. 在來 聚妻 육식 음주하는 승려는 일체 승적에서 削出하여 '호법중'이라는
      신도로 취급할 것이다.
   3. 사찰 및 종단기관은 전부 본종에서 인수 관리할 것이며 재산 사용에 대하여는
      삼보호지의 목적에만 국한될 것이다.
   4. 在來敎團은 壅斷하던 대처왜색승들이 自家의 구명책으로 본종을 毁妨코저
      種種煽動하는 경향이 있음을 경계하는 바이다.
                                          단기 4287년 11월 10일
                                     대한불교조계종 종정 하동산
                                            부종정 정금오
                                            도총섭 이청담
   동산문도회, 앞의 책, pp.299~230.

정당성과 실천 항목을 열거하여 그 실천할 일과 계획을 만천하에 공포하였다. 불교의 정화를 위하여 신명을 바칠 것을 더욱 굳게 다진 것이다.

1954년 11월 15일 송만공의 기제사를 조계사 대법당에서 성대히 거행하였다. 과거를 회고하니 만공 선사의 정법복생에 대원력 투쟁사가 다시 생생해진다. 때마침 오늘 이곳 대선사의 재일齋日이라 지금은 비구승들이 불법정통을 살리자는 혁신 단계인데, 반대로 오늘 대처승 측의 종정 송만암은 비구승들이 태고사에 진입한 것에 대하여 반대를 하였다.[178]

문제는 이렇듯 사찰 점거가 시작되면서 비구승 측의 명분이 불교계 내부의 수행처 요구나 교단 정화가 아니라 이승만 대통령이란 세속적 권력의 유시를 봉대하는 모양새를 취하면서 전개되기 시작하였다는 점이다. 이는 이후 정화운동이 불교계 내부의 자율적 운동이 아니라 정교권 야합에 기반을 둔 일종의 정치적 운동으로 급속하게 선회하였음을 의미한다.

대처승帶妻僧들은 기이旣而 환속還俗하도록 대통령유시大統領諭示도 있거니와 불교원칙佛敎原則으로 봐서도 도저到底히 교단敎團에서 사생활私生活을 할 수 없을 것이다. 그리고 자칭自稱 비구比丘니 포교사회布教師會니 하며 정화불사淨化佛事를 반대反對할려는 불법행위不法行爲는 치명적致命的 입장入場에서라도 기억코 방지防止할 것이며, 또 우리

---

178 한국불교승단정화사편찬위원회(1966), 앞의 자료, p.131.

지도하指導下에서 행동行動해야 될 것이다 그러므로 당국當局에서 그 부당성不當性을 알고 허가許可를 하지 않은 것이며 대의명분大義名 分이 역력歷歷한 우리 의사意思는 삼척동자三尺童子라도 찬성贊成하는 바이라.[179]

이렇듯 선학원 측 선승들은 외부의 국가 권력기관을 동원하여 태고 문손들이 모인 개운사 회의를 방해하였다.

1955년 1월 26일 상오 10시부터 문교부 차관실에서 비구승과 대처승 간의 의견을 조정하기 위한 최종적인 노력의 회합이 문교부와 치안당국 에 의하여 시작되었다. 동 회합에는 비구·대처 양측 대표 수명과 문교·치안 관계관들이 합석하였는데, 그 자리에서 제시된 타협안의 내용에 관해서는 아직 밝혀지지 않았으나 아마 이번에는 쌍방에 대폭적 인 양보를 종용하게 될 것이라 한다. 그러나 만일에 쌍방이 이에 응하지 않으면 관계당국에서도 더 이상 손을 댈 수가 없다고 말하고 있는데 이렇게 되면 양측의 대립은 더욱 첨예화될 것으로 보고 있다. 그런데 이제까지의 대처승파에서는 재정적 주도권을 어디까지나 자파에서 장악할 것을 주장하면서 비구승들은 단지 수도승으로서 각 사찰 주지직 을 맡게 할 것을 주장하고 있으므로 비구승파에서도 그러한 조건에는 도저히 응할 수 없다고 하면서 자기네들의 '순수성'을 강경히 내세우고 있는 것이다.[180]

---

179 한국불교승단정화사편찬위원회(1996), 앞의 자료, p.237.

180 동아일보, 1955. 1. 27.「雙方의 讓步를 勸告 佛敎界紛糾 어제 最終調整에

물론 일부 국가기관에서는 불교계 내부의 문제를 가능한 한 자율적으로 해결하기를 바라는 분위기도 병존하고 있었다. 이러한 가운데 대처승 측에서도 승려에 대한 정의를 발표하였다.

〔속보〕 비구승 측에서 제출한 '승려자격규정정의'에 뒤이어 지난 1일 대처승 측에서도 이에 유사한 것을 문교부에 제출하여 왔는데, 동안에 의하면 '몸은 비록 속세에 있으나 마음으로 불도를 생각하는 자라면 '승'의 자격을 갖출 수 있다'는 조문이 들어 있어 세간의 많은 화제꺼리를 던져주고 있다.[181]

1955년 2월 4일 문교부 장관실에서 회담한 결과, 사찰 정화에 대하여 사찰수호자인 주지의 자격을 지정한 이외의 모든 문제는 종단 내에서 해결하기로 되었다.

1955년 2월 15일 신문기자들이 청담과 인터뷰를 하는 과정에서 "만일 비구 승단이 승리하여 전권을 잡을 경우 종조 문제는 어떻게 하시겠습니까?"라고 질문하자, 청담은 "승사에 밝은 학승, 학자들을 모아 공청회를 통하여 결정하겠소만 내 개인적인 사견으로는 보조국사를 종조로 모시는 것이 좋다고 봅니다"라고 개인적인 소견을 말했다. 이를 기자들이 신문에 실으면서 "종조는 보조국사로 결정지었다"고 발표하였다.[182]

着手」

181 동아일보, 1955. 2. 3. 「僧侶의 定義 帶妻僧派도 作成」
182 동산문도회, 앞의 책, p.309.

선학원 측 수행승 여러분은 하루바삐 다음 각항을 성명서로 천하에
공포하여 종단의 융화와 단결을 조도부圖하기를 바란다.

1. 보조국사를 종조로 추대推戴함을 취소할 것.

2. 태고 문손에 대하여 사과할 것.

3. 교화승은 종헌 제10조에 이미 규정된 것인즉 다시 거론하여 분규를
계속하지 아니할 것.[183]

선학원 측의 선승들에 대해 보조국사를 종조로 하려는 행위를 즉각
중단하며 태고 문손에 사과하라고 하였다. 선학원 측 선승들은 해인사
에 총림을 창설하기로 결의하기도 했다.

1955년 3월 29일 대중회의에서 총림창설叢林創設에 대하여 조속한
시일 내에 실시하기로 결정하고 각 책임부서를 조직한 바, 종정 동산,
방장화상 이효봉, 총장 이청담, 유나 윤월하, 원장 박동암, 찰중 김원
광, 입승 손경산, 원주 김월현, 병법 김경우 제덕諸德이시었다. 그리고
강사도 7, 8인 추대하였다.[184]

선학원 측의 보조 문손들에 대한 가야총림 창설은 정화운동에 따른
커다란 성과였다. 해인사에 가야총림을 창설할 것을 가장 주장했던

---

183 『태고종사-한국불교 정통종단의 역사』, 종단사간행위원회(2006), p.293.

184 비구승 측이 가장 선호한 것이 해인사에 총림을 세우는 일이었다. 이것은 정화운동
을 시작한 이래 가장 큰 성과라고 말할 수 있다. 한국불교승단정화사편찬위원회
(1966), 앞의 자료, p.345.

이가 이청담 선사였는데 그 서원이 성취되었다.

1955년 4월 15일 임석진 측에서 제기한 가옥명도家屋明渡에 대한 제5심
이 서울지방법원 제4호 법정에서 개정된 바, 대처승 측 조용명이
증인으로 나와서 말하기를 선학원 측 비구는 세사世事에 불명不明하고
단지 산중에 수양만 하는 고로 금반今般 주지 내는 것도 자기끼리
하고 말았다고 하면서 그 비구승과는 상의할 필요성까지 없다고 하며
억설抑說을 하였다. 이는 자승자박自繩自縛하는 것이다. 주지 선거도
문교부 승인이 없고 또 승려원칙僧侶原則도 문교부文敎部, 내무부內務
部에서 정한 것이 아니라고 하기 때문에 판사왈判事曰 다시 조사해서
명확한 증거가 될 수 있도록 문교부에서 연락해서 동월 26일로 연기심
판延期審判하기로 하였다.[185]

이렇듯 국가(국가기구)가 정화운동에 본격적으로 개입하기 시작하
면서 불교계는 현장의 투쟁보다 법률이 판결하는 세속의 법에 의지하기
시작하였다. 비구승과 대처승 양측이 모두 법에 호소하여 법의 지원을
얻고자 노력하기 시작하였다. 위 인용문은 임석진 측에서 가옥명도에
대한 재판을 제기하였는데 그 증인에 대한 내용이다. 이어 조계사
주지 명에 대한 재판이 진행되었다.

1955년 5월 16일 선학원 측이 소집한 전국승니대회에 참석하기 위해
전국에서 비구·비구니 250여 명이 태고사(그들은 조계사라 하였다)에

---

[185] 한국불교승단정화사편찬위원회(1966), 앞의 자료, p.356.

156

모여들었다. 당국의 제지로 대회를 열지 못한 그들은 대웅전에 자리 잡고 그날 오전 10시부터 단식투쟁에 들어갔다.[186]

이렇듯 단식을 하면서 많은 비구·비구니들은 이차돈같이 순교하겠다는 신념을 선언하기도 했다. 보조 문손들이 단식을 한다는 것은 자신의 존재를 알리려는 것이며, 그러한 행을 통해 자신들의 정당성을 공포하여 궁극적으로는 종단 사찰을 점령하기 위함이었다.

조계사 대웅전에서 단식을 하던 가운데 새벽에 난동이 발생하여 비구들과 태고 문도 측의 대항전이 발생했다. 동산 종정의 제자인 지효 선승이 대웅전에서 할복하여 병원으로 후송되기도 했다. 한국불교 정화를 위하여 할복한 선승으로 지효 선승이 1호가 되었다.

은사이신 용성 스님이 일본 총독과 내무대신에게 두 차례에 걸쳐 건백서를 보내어 민족불교의 전통과 정법구현正法具顯의 기치를 높이 들었고, 대처승들과 싸움이 한창 치열하던 때에 제자인 지효가 할복자살을 기도함으로써 동산 종정의 마음을 더욱 아프게 하였다. 물론 자신은 화신투입化身投入, 온몸을 다 던져 혼신渾身의 정열情熱을 쏟았다. 그와 같은 정화운동이 이제 그 막을 내린 것이다.[187]

---

186 『태고종사─한국불교 정통종단의 역사』, 종단사간행위원회(2006), p.305.
187 동산 종정의 제자가 할복하였다는 것은 용성 선사의 정통성을 주장하는 가문이라고 할 수 있다. 물론 용성, 동산, 지효로 이어지는 선승의 가풍이었다. 동산문도회, 앞의 책, p.321.

동산 종정의 제자가 할복을 하여 상처를 입었고, 그날 부상당한 비구·비구니 가운데 동산 종정, 금오 부종정과 청담도 입원하였다. 선학원 측의 항쟁으로 총무원 측의 종회가 조계사에서 열리지 못하고 개운사에서 열렸는데 총무원 측의 승려들은 대웅전 안으로 들어갈 수 없는 상태였기 때문이다. 대처승 측은 종단의 어려움 속에서도 1955년 6월 8일 제14회 정기 중앙종회를 안암동 개운사에서 개최하였다. 이 종회에서 만암 종정은 다음과 같은 요지로 선서를 하였다.

통탄스럽게도 지난겨울 대통령 각하께서 내리신 사찰寺刹 정화淨化에 대한 유시에 편승하여 너무나도 넘치는 행동을 한 일부 승단의 소동으로 인하여 평화안온平和安穩하던 교단이 일조에 양분항쟁兩分抗爭하게 되어 종풍宗風을 착란케 함은 물론, 나아가서 사회의 수욕羞辱을 사게 된 것은 실로 천고의 한스러운 일이요, 만민 일심이라야 될 이 시기에 분열·투쟁이란 본분本分을 망각한 짓이라 아니할 수 없노라. 특히 우리나라에는 국헌國憲이 엄연하게 신앙 자유와 정교正敎 분리分離를 보장하고 있으니 어디까지나 열렬한 애교심愛敎心에 호소하여 이 보장을 확보하기 위한 만전의 노력이 있기를 바라노라. 도리어 현하 법려法侶의 실태를 일람컨대 태반이 도생에 급급하여 불은佛恩을 망각하고 종사宗事에 무관심한 자 적지 않은데 제대로 의무를 수행치 아니하고 개인 구명에만 탐착한 자는 하산 환속함이 옳고 최후 일인이라도 불은佛恩과 종은宗恩을 저버리지 못하여 무너져 가는 법성을 애석히 여기거든 진실한 생활에서 처자의 정애情愛를 일단一斷하고 궐연히 분기奮起하여 부종수교扶宗樹敎의 대정신大精神으로서 종풍쇄신에 정

158

진 매진邁進할지어다.[188]

선학원 측 종정직을 사퇴한 만암 종정은 대처승 측의 종회에 참석하여 선서를 하였다. 1955년 6월 8일 종회에서 이승만의 유시를 강력하게 비난하고, 선학원 측의 승려대회에 대항하기 위하여서는 최후의 한 사람이라도 비구승으로 남으라는 의미를 내포하고 있다. 만암 종정의 교시는 강력한 의지의 선언이라고 말할 수 있으며 조계종의 위상을 높이기 위한 유시였다.

1955년 6월 23일 조계사 총무원 사무실에서 대중 50여 명이 오후 5시경부터 8시까지 대회 준비에 대한 예비회의를 개최하여 준비위원 66인을 선출했다.[189]

---

[188] 만암 조계종 종정은 비구승이면서도 비구승들이 승려대회 준비를 하고 있을 때에 강력히 이승만을 비판하였다. 이승만을 비판할 정도라면 정치적으로 위상을 대단히 높이는 역할을 했다고 할 수 있다. 반면에 조계사에서 대회 준비를 하고 있는 선학원 측의 선승들은 이승만의 유시를 봉대하는 데 온 힘을 쏟았다. 『태고종사-한국불교 정통종단의 역사』, 종단사간행위원회(2006), p.306.

[189] 하동산, 이효봉, 정금오, 박인곡, 이동헌, 김환봉, 윤고암, 이청담, 윤월하, 최원허, 김완석, 박금봉, 김적음, 김지월, 이대의, 이대휘, 박범용, 강석주, 손경산, 박용화, 박성권, 서경보, 소구산, 고경덕, 유수본, 민청호, 문일조, 설석우, 백경발, 김구하, 김홍경, 김보경, 민도광, 조금담, 유석암, 김향곡, 이성철, 신보문, 송만암, 국묵담, 이석진, 임석진, 김상호, 박대륜, 이인홍, 정수옥, 이성우, 박혜연, 정성문, 박혜옥, 정금광, 이도진, 이항단, 유현칙, 김혜진, 김탄허, 마벽초, 이춘성, 김일도, 김고송, 구적송, 박추담, 신소천, 정봉한, 김지효, 김서운. 이상으로 대회 개최까지 협조하여 추진을 도모하자는 결의에서 선정하였다. 한국불교승단정화사편찬위원회(1966), 앞의 자료, pp.457~458.

한편 비구승 측에서는 전국승려대회 준비회의를 시작했다. 명단에는 한국불교계의 승려들이 총망라되어 있는 바, 이 명단에 없는 승려들은 출가를 하지 않았던 승려이거나 정화운동에 대해 침묵하거나 반대하는 승려들이었다.

1955년 6월 26일 비구승과 대처승 간의 난투극 사건으로 서울지방검찰청 정윤모 부장검사의 취조를 받아 오던 대처승 11명은 25일 구속 기간일이 만기가 되었으나 10일간 연장되어 계속 취조하게 되었다.[190]

1955년 6월의 대회 기간 동안 승려들 간의 난투극이 얼마나 치열했던가를 알 수 있는데, 이것이 한국불교 정화를 강행하면서 선학원 측과 총무원 측의 승려들이 서로 상대방을 고발한 사건이다. 불교의 송사 사건이 이때에 발생했다. 이승만은 정치적으로 불교계의 투쟁을 즐기고 있었다고 말할 수 있는데, 그것은 자신이 국민들에게서 정치적으로 비판을 받고 있던 때였기 때문이었다.

1955년 6월 29일 이청담과 손경산이 문교부를 방문하였다. 그러나 이날 간담회의 합의 내용은 전달되지 못했다. 비구승 측 이효봉·이청담, 대처승 측 임석진·김사호·이종희, 비구니 이인홍·강자효·이성우 등 9인이 선학원에서 비공개로 가진 간담회의 내용은 다음과 같다.

비구승 측: 1. 불교 원칙과 금차今次 결정된 승려 자격 원칙대로 절대

---

190 조선일보, 1955. 6. 26. 「帶妻僧 拘束 延長」

実천하며, 2. 금후今後 사찰 정화 방법, 종헌종법 제반사諸般事를 대회 석상에서 결정한다. 3. 대처자帶妻者는 승자僧者를 붙일 수 없고 종단 사무 및 사찰 사업 추진 면에 사용한다. 4. 유시와 정부 방침에 보조를 맞추어 속히 순리로 해결을 희망한다.

대처승 측: 1. 정교 분립상 위법인 당국의 간섭 부당성 지적, 2. 정·부통 령正副統領이 타종교인他宗敎人인데 불교佛敎를 옹호擁護하는가 음모 하는가, 절대로 종교전宗敎戰을 배전拜戰시키어 2~3년 후에는 기독교 만능세계로 변화시키려는 것이다. 3. 문교부가 최종 결정권을 가졌다 는 것으로 대위원對委員을 선출치 않는다. 4. 대처자들을 지속시키자. 5. 종회위원을 반반수로 하자. 6. 대처자는 왜색승이 아니다. 7. 6월 말까지 퇴거치 않는다. 나가지 않는다 하더라도 경관警官이 총살銃殺하 지 못한다.[191]

한국불교를 바르게 성찰하기 위하여시는 1955년 6월 29일 선학원에 서의 간담회 내용을 살필 필요가 있는데, 선학원 측에서는 불교의 발전에 관한 합일이 이루어지는 것을 말하고 있다.

'불교정화대책위원회'를 성립시키도록 하는 문교부 측의 최종 종용에 대해 대처승 측에서도 이에 순응하고 2일 전기 대책위원회에 참석시킬 대표 김상호·정봉모·이화응·국묵담·박대륜 5인을 선출, 명단을 문교

191 1955년 6월 29일에는 이청담, 손경산 양사가 문교부를 방문하여 문교부의 안과 유시대로 실천하기 위하여 적극적으로 노력할 것을 역설했다. 비구승 측과 대처승 측 모두 일보의 양보라는 것을 찾아볼 수가 없었다. 한국불교승단정화사 편찬위원회(1966), 앞의 자료, pp.463~464.

부에 제출하였다. 이로써 이제까지 대처승파의 거부로 그 기능을
발휘치 못한 '불교정화대책위원회'는 불일 정식 회합을 열고 불교
정화에 관한 쌍방의 의견을 교환하게 되었는데, 비구승 측에서는
전기 5명의 대표 중 김상호 씨는 '비구계'를 받지 않은 무자격 승이라고
주장하여 다시 대책위원회 참석을 거부할 태도를 보이고 있다고 한다.
'불교정화대책위원회'는 앞서 비구승들이 단행한 첫 번의 단식투쟁
직후 정화를 촉진하기 위하여 구성된 것인데, 여기서는 비구와 대처
쌍방의 대표 각 5명과 재정권을 가진 문교부장관이 참석하기로 되어
있다. 그런데 대처승 측에서는 2일 그들의 대표 5인의 명단을 제출하면
서 문교부장관 외에 국회문교분과위원장 등을 대책위원회에 참석케
하자는 새로운 안을 제출하였다. 한편 오래 전에 결정된 비구승 측
대표는 이효봉·이청담·정금오·윤월하·손경산의 5인이다.[192]

동산을 위시한 비구승 측의 수차에 걸친 승려대회와 끈질긴 노력으로
인하여 8월 1일에 1천여 명이 참석한 마지막의 전국비구승대회가
열렸다. 이러한 와중에서 동산은 대회 2일째인 8월 2일에 새로운
임원진에 의해 다시 종정으로 추대되었다.[193]

위의 인용문에서 알 수 있듯이 1955년 8월 2일 동산은 또다시 종정직
에 오르게 되었다. 이러한 현상은 한편으로는 당시 비구 측에 동산을

---

192 동아일보, 1955. 7. 5.「國會 文敎委長 參席提案 帶妻僧側 '淨化案'」
193 종정 하동산, 총무원장 이청담, 총무부장 고경석, 교무부장 김상호, 재무부장
박기종, 감찰원장 정금오, 감찰부원장 김서운이었다. 동산은 두 번째로 종정에
오르게 되었다. 동산문도회(1998), 앞의 책, p.388.

능가할 인물이 없었기 때문이기도 하거니와, 다른 한편으로는 동산을 통한 불교계의 정화운동을 정치적으로 활용하려는 이승만의 의도도 작용한 것으로 해석할 수 있다. 왜냐하면 당시 정화 유시를 통해 불교계를 전횡하던 무소불위의 권력자 이승만이 동산을 반대했다면 아마도 동산은 종정직에 오르지 못했을 가능성도 제기되기 때문이다.

동산이 1954년 11월 3일 종정에 선출되었을 때에는 선학원 계통만의 조계종을 대표하는 종정이 되었다. 그런데 당시 사부대중들은 동산 종정과 더불어 과거 총무원의 모든 직책의 간부들을 불신임하였다. 그래서 한국불교조계종 종정을 새롭게 선출하는 데 유임을 하지 못하고 설석우 해인사 거주 승려에게 종정을 이임하고, 동산 종정은 평회원으로 종회의원이 되었다.

1955년 8월 11일 문교부장관 초청으로 양측 대표 10명 중 9명(대처승측 국묵담 불참) 이청담·윤월하·이효봉·최원허·정금오·김상호·박대륜·이화응·원보산이 출석하고 신도 이수산 거사·선광명 보살이 수반하여 3시부터 6시까지 금반今般 대회 결의 전반을 재가결한 바, 7대 1로 가결하다. 전반前般 5대 3 문제를 논의할 여지도 없이 만장일치로 회의를 보아 내일 9시에 정식대회를 개최하기로 정정당당하게 합법화하였다. 그 장면 광경은 다음과 같다. 1. 김상호는 자신은 퇴속함을 재삼 역설함으로 장관 언명으로 퇴장시키고, 2. 백대륜은 절대 반대 성명하고, 3. 이화응은 찬성하고 거수가 가결한 바, 7대 1로 대회 개최할 것을 가결하다.[194]

---

194 한국불교승단정화사편찬위원회(1966), 앞의 자료, p.544.

이승만 시대의 문교부는 이같이 결정을 하고 대회를 결행하였다. 이것은 합법적인 대회라고 말할 수 있는 대회 의결 사항이었다. 1955년 당시 선학원 측의 전국 본사 주지 임명과 총무원 측의 주지가 병존하고 있었는데, 선학원 측의 선승들이 점령하면 곧바로 주지 행세를 하였다. 그 시기에 주지들은 합법적이지 못했다. 비록 세속법적으로 불법적인 측면이 있기는 했지만 전국의 본사와 사찰에 차례로 선학원 측의 소임자가 임명되면서 정화운동은 정리되는 듯하였다. 하지만 이러한 절차가 세속법적인 정당성을 획득하지 못하였다는 문제를 안고 있었고, 이 문제는 대처승과 비구승 간의 갈등의 지속화를 예고했다.

3. 정화운동의 지속적 격화와 동산의 결사운동

동산이 적극적으로 참여한 이후 정화운동은 아주 격화되었다. 불교 개혁을 추진하는 세력은 물론 소수였던 반면, 정화의 대상이었던 대처승 세력은 다수를 점하였고 기성 종단에서 기득권 세력을 형성하고 있었기 때문에 정화운동은 종결될 기미가 전혀 보이지 않았다. 다만 정화운동 당시 동산이 주석한 범어사만은 합법적으로 비구승 측에 인계되었다.

1955년 8월 28일의 뚝섬 봉은사, 안암동 개운사 두 절의 접수를 시작으로 9월 25일에 이르기까지 통도사, 해인사, 범어사 등 3대 사찰과 전국의 주요 사찰 및 각도의 종무원을 모두 접수함으로써 그 사찰들의 재산 관리권을 장악하였다.[195]

범어사는 합법적인 방법으로 비구승 측인 동산에게 인계되었다. 동산은 대화를 통해 합법적으로 이를 해결하였다. 이는 기존의 범어사 주지와 대중들이 동산의 불교 학식을 믿고 상호 존중하고 있었기에 가능했다. 또한 범어사가 동산이 1913년 3월 15일 출가한 본사이기에 합법적으로도 주지 자격이 있었다.

1955년 8월 12일 한국불교계 정화는 드디어 종막終幕을 고하였다. 지난 8월 1일부터 5일간 개최한 대회를 재확인하기 위하여 합법적인 대회를 9시 정각에 개최하고 내빈으로 치안국장, 문화보존과장, 각계 인사 및 기자 다수 참석리에 성황을 이루고 종로서장 함씨의 적극적인 외호로 원만히 진행되었다. 오전에는 내빈 축사 정도였고 오후에는 종회의원 52명과 중앙간부 선출을 민활하게 하고 일사천리로 통과, 종헌수정안 무사통과, 각도 종회의원 간부, 각 사찰 주지 선출은 내일로 미루고 총림 창설 교도 대우 문제를 토의하고, 이때에 문교부장관이 임석하사 내빈 축사를 마치다. 중앙간부로 종정에 설석우, 총무원장에 이청담, 총무부장에 김서운, 교무부장에 신소천, 재무부장에 박기종과 함께 종회의원 56명[196]을 발표하였다.[197]

---

195 진관, 『근대불교 정화운동사 연구』(경서원, 2009), p.77.
196 하동산, 이효봉, 박인곡, 최원허, 이대의, 윤월하, 신소천, 민청호, 민도광, 이대휘, 정금오, 김향곡, 정봉모, 김지효, 김적음, 박범용, 이용봉, 김경우, 김대월, 김탄허, 소구산, 조금담, 문정영, 최월산, 유석암, 이성철, 이청담, 박승수, 강석주, 손경산, 김대원, 국묵담, 원보산, 윤고암, 임석진, 김서운, 김홍경, 박문성, 송홍근, 공경덕, 김혜진, 김완석, 이동헌, 이인홍, 김자운, 이성우, 정수옥, 박혜옥, 김법일, 정정행, 채동일, 박벽안, 양청우, 김고송, 구한송, 유수본 이상 56여 명 등. 한국불교승단정

이러한 사실을 통해서도 동산의 법력이 얼마나 큰지를 짐작할 수 있다. 하지만 그러한 사례는 극히 제한된 범위에 머무르고 있었고, 대부분의 사찰에서 비구승 측과 대처승 측 간의 갈등은 대화와 타협이라는 방법 대신 격렬한 물리적 충돌을 동반하였다.

일제 식민지 시기에 지배 세력과의 타협을 통해 사찰과 같은 물질적 불교 자산을 독점하였고, 독점한 불교 자산을 지키기 위해 현실 유지의 방식으로 불교 전통을 훼손하였던 대처승 계열은 세속적 법적 질서와 친밀한 자신들의 강점을 내세워 비구승 계열에 저항하였다. 때문에 보조 문손들도 세속적 질서에 합당한 방법으로 정화의 정당성을 인정받고자 하였다. 하지만 문제는 오히려 악화되었다. 세속의 질서에 정당성을 물음으로써 이 문제는 사회적 이슈가 되었다. 그리고 당시 정치적 위기에 봉착하였던 이승만 정부는 자신의 정치적 실정에 대하여 비구와 대처 간의 논쟁 상태를 악용하였다.

1955년 8월 17일 불교계의 제반 교권을 장악케 된 비구 승단 측에서는 문교부에 새로 임명한 총무원 명단을 정식 제출하는가 하면 삼보 사찰인 해인·범어·통도사를 비롯한 19개 사찰의 주지를 결정하고 인허認許를 요청하여 왔다. 이에 반하여 대처승 총무원 측에서는 전기와 같은 비구승 측의 독단적 행위는 비합법적인 것이라고 지적하고 각 도 총무원 및 전 사찰의 책임자에 칙역 수호와 사찰 정화에 배전 노력할 것을 호소하고 있어 귀추가 주목된다.

화사편찬위원회(1966), 앞의 자료, pp.546~547.
197 한국불교승단정화사편찬위원회(1966), 앞의 자료, p.547.

그런데 문교당국에서는 이번 제출한 비구승 측 총무원의 신간부를 정식 인정하는 한편, 19개 사찰 주지에 대한 인허장을 불원 수여할 것이라는데, 이들 비구승 측에서는 동 인허장을 가지고 내무 당국의 협조 하에 사찰을 접수할 것이라고 말하고 있다.

한편 이청담 총무원장은 대처승의 여사한 태도는 문제시되지 아니한다고 말하며 인허장이 문교당국으로부터 나오는 대로 전국 사찰을 접수할 것이라고 말하고 있다. 그런데 비구승 측에서 새로 임명된 삼보 사찰의 주지는 다음과 같다. 해인사 이효봉, 통도사 김구하, 범어사 하동산이었다.[198]

당시 동산은 종정직을 사임하고 범어사로 내려갔다. 범어사 주지로 임명을 받았기 때문이었다. 또한 범어사 조실로 복귀하면서 범어사 금어선원의 수좌들을 지도하였다. 동산은 범어사에 내려와 선객으로 다시 돌아갔다. 조계종 종정직을 사임하고 1956년에는 범어사를 띠나 고려시대 요세가 법화결사를 주창했던 만덕산 백련사에 거주처를 옮겨 불교 정화운동의 종결을 위하여 용맹 정진하였다.

1956년 이후 비구, 대처 양측이 제기한 소송은 80여 건에 달하고 있었다. 더욱 사찰 재산이 소송비용으로 남용되는 등, 사찰 관리권 보호 및 쟁취에 막대한 재정이 투입되면서 사찰 환경은 극도로 황폐화되어 갔다.[199]

---

198 경항신문, 1955. 8. 18. 「帶妻僧側 寺刹 안 내줄 터 佛敎紛糾는 다시 일어난 것인가 大會決議에 따라 接受 比丘僧側」

비구와 대처 양측에서는 막대한 소송비를 대기 위하여 사찰 관리권을 더욱더 요구하게 되었다. 선학원 계통의 불교 정화파들과 보조 문손들은 전국의 사찰을 강점하기 시작했다. 이에 동산은 불교 본래의 모습으로 돌아가 불교를 전하는 불사에 전념해야 한다는 뜻에서 결사의 정진을 하였다. 동산은 만덕산 백련사에서 진실로 수행자의 모습을 보여주었다. 동산은 범어사 조실을 겸하고 있으면서 불교 정화운동에 소임을 다하였다.

만덕산 백련사에서 쓴 일기를 보면 이 시기 동산의 진면목을 알 수 있다. 동산이 쓴 선시의 의미는 마치 정각을 이룬 법열의 의미이기도 하다. 선정에 들어 정각을 이룬 불타의 정진 모습과도 같다. 뿐만 아니라 보조의 정혜결사와 요세의 법화결사를 합일시키는 대서원을 성취한 동산은 조사선을 실천한 시성이기도 하다. 마치 불타가 영산회상에서 법화경을 설하시던 그러한 경지에 이른 듯한 동산은 조사선의 시를 창작했다.

산조제명山鳥啼鳴하고 녹음방초綠陰芳草 시절時節이라 야인속객野人俗客만 만경루萬景樓 바라보니 나날이 휴주가무携酒歌舞로 화化해지는구나. 민중民衆들은 성인소거지聖人所居地임을 전혀 망각忘却하니 가련可憐한 일이라.

만덕산 백련사 원묘 선사에게
목우자 보조국사께서 주신 시詩에,

---

199 대한불교조계종 교육원 불학연구소(2005), 앞의 책, pp.207~208.

물결이 일렁이니 달그림자 어지럽고
밤이 깊으니 등불이 더욱 빛나네.
그대에게 마음그릇 안정시키기를 권하노니
감로의 장을 쏟지 말라.[200]

동산은 만덕산 백련사에서 자신의 경지에 취하여 있었다. 그리고
세상은 모두가 부질없는 무상의 존재라는 것을 잘 알고 있었다. 그러나
정화운동 과정에서 보조 법손과 태고보우 법손의 갈등은 더욱 악화되어
정화운동의 부정적 측면들이 부각되고 있었다. 정화 추진에 부수되었
던 소송비의 지속과 증대, 거기에 따른 불교 재산 망실 등은 정화운동의
부정적인 결과로 남게 되었다. 정화운동을 통하여 불교 발전을 기해야
함에도 불구하고 결과는 불교의 이상 추락으로도 비추어질 수 있는
것이 되었다. 정화운동이 단순한 사찰 주도권의 쟁탈로 왜곡되는 측면
도 있었다.[201]

선학원 측의 보조 문손들은 재판에 엄청난 재원이 필요했다. 그러한

---

200 동산문도회, 앞의 책, p.247.
   1956年 5月 9日 水 晴 辛酉 萬德山 白蓮社 圓妙國師에게 牧牛子 普照國老가
   贈詩 曰
   波亂月難顯
   室深燈更光
   勸君整心器
   勿傾甘露漿
201 이승만 대통령은 정치적으로 위기를 맞이했고, 선학원 측 승려들은 수효가
   적어서 승려들을 물리적으로 제압하는 것이 불가능했다. 그래서 선학원 측의
   선승들은 이승만 대통령과의 정치적 협력이 필요했다.

관계로 선학원 측의 비구승들에게는 이승만의 도움이 필요했다. 이로 인해 선학원 측의 비구승들과 이승만은 정치적으로 협력하게 되었다. 이승만은 선학원 측의 비구승들이라는 이름을 소중히 여기면서 비구승 측의 불교를 이용하였다. 이승만과 선학원 측의 관계는 상호 정치적인 협력의 관계로 변화되었다.

앞서 언급한 바와 같이 대처승 계열은 일본 유학과 행정 경험이 있었기 때문에 비구승 측에 비해 상대적으로 세속의 법률적 관계에 친숙하였다. 또한 해방 후 국가적 차원에서의 친일 청산에 실패하여 사회 곳곳에 친일파들이 잔존하고 있었다. 사법부도 마찬가지였다. 이들은 민족주의적 관점을 도외시한 채 정화운동을 단지 법률적 관계로만 파악할 뿐이었다. 이러한 이유로 법원에서는 태고보우 문손들이 합법적이라는 판결을 내려 법률적 정당성을 부여하였다.

서울지방법원에서는 1956년 6월 15일 비구승 측에서 주동이 되어 소집된 8월의 '전국승려대회'의 결의 및 '불교정화대책위원회'의 결의가 무효라는 판정이 내렸다고 하는데, 이러한 판정은 전기 승려대회가 있은 직후 대처승 측 대표 송만암宋蔓庵 씨 명의로 제기한 '무효확정소송'에 의한 것으로 이에 대하여 비구승 측 대표 이청담 씨는 6월 21일 불복 공소를 서울고등법원에 제기하였다 한다.[202]

이를 계기로 정화운동은 친일 잔재를 청산하고 전통을 회복한다는 불교적 차원을 벗어나 사찰의 주인을 가리는 사법적 차원으로 전개되었

---

202 동아일보, 1956. 6. 22. 「比丘僧側控訴 僧侶大會無效判定에」

다. 이러한 상태에서 태고 문손과 보조 문손은 상호 결사항전을 하듯이 형제들끼리 치열하게 싸워 사찰을 점령하는 모습으로 일관하였다.

이런 와중에 불타의 바른 법은 역사 속으로 사라지고 없었다. 상호 협력하여 불타의 정법을 실현하기 위해 승가공동체를 복원하고 그 정신을 실천하는 운동으로 승화 발전해야 함에도 불구하고 세속의 법에 의존하려 하였다. 1955년 7월 27일 태고 문손들이 낸 재판에서 승소하고 보조 문손들이 패하였다.

승소한 태고 문손의 송종헌 종정은 태고 문손이 소집한 중앙종회 (1956년 6월 29일)에서 교서를 내렸다.

1956년 7월 27일 서울지방법원으로부터 (지난 6월 15일에 내려진 선학원 측 소의 비구승들의 전국승려대회 결의 무효 확인 판정에 이어) 종정 직권행사 반환 및 가옥 명도 청구 소송, 본안 판결 확정시까지 피신청인(비구승 측) 등의 종정 및 조계사 총무원의 직권행사를 정지하고 신청인(대처승 측)으로 하여금 그 직무를 대행케 한다. 부동산 목록 등에 대하여서는 피신청인의 점유를 해解하고 서울지방법원 집달리로 하여금 이를 보관케 한다. 단, 집달리는 현장을 변경하지 아니하는 조건으로 신청인에 보관시킬 수 있다는 가처분 결정이 내려졌다.[203]

이에 태고 문손 종단에서는 태고사(총무원) 입주 준비를 진행시켰다. 그리하여 그 이튿날인 28일에는 선학원 측 비구승들이 물러나고 태고 문손 측에서 '조계사'라는 간판을 떼고 '태고사' 간판을 다시 걸었다. 복구된 태고사에서 태고 문손(세칭 대처승) 총무원은 30일부터 종무를

---

203 조선일보 1956년 29일자 등.

시작하였다.[204]

태고 문손들은 재판에 승리하여 선학원 측이 걸었던 조계사 간판을 떼고 태고사로 다시 간판을 내걸었다. 1955년 7월 27일 태고 문손들이 낸 재판에서 승소하고 보조 문손들이 패하였다.

이렇듯 국가기구에 의해 당시 한국불교가 이리저리 흔들렸던 것은 이승만 정부가 불교의 분규를 정치적으로 활용하였음을 간접적으로 시사하고 있다. 실제로 동산 종정도 이승만 대통령이 정치적으로 불교계를 이용함을 인지하고 있었던 것 같다. 그럼에도 불구하고 동산은 이승만 대통령이 불교계를 이용하는 문제에 대하여 비판하지 않았다. 다만 다음의 일기가 암시하듯이 당시 동산 전 조계종 종정의 심정은 반성과 참회로 가득 차 있었을 것으로 추정된다.

1956년 10월 22일 화火 청晴 계유癸酉
금일今日 오후午後 사시四時에 만경루萬景樓를 다시 만나보니 감개무량感慨無量하다.
주지住持 이하以下 승려僧侶는 한 분도 없고 속인俗人 남녀男女 4인四人만 만나보니 도리어 방금 들어온 우리들이 주인主人이 되었다. 참으로 승려가 드문 지방이라 아니할 수 없다.

1956년 10월 23일 수水 청晴 갑술甲戌
금일今日이 음陰 9월九月 1일一日이로구나. 만경루상萬景樓上에서 앞바

---

204 『태고종사─한국불교 정통종단의 역사』, 종단사간행위원회(2006), pp.369~370.

다를 바라보니 만경창파萬頃滄波의 만경萬頃을 누가 있어 알아내리오.
참으로 환희歡喜한 마음 승勝키 난難하도다. 세상世上의 분분紛紛한
마음 저절로 쉬어지고 도심道心만 부지중不知中 있게 된다.

1956년 10월 24일 목木 청晴 을해乙亥
백미白米 삼두三斗를 매두每斗 이천사백 원二千四百圓씩으로 매득買得
하야 우선 불공佛供을 올리고 우리 주인양식主人糧食으로 보충補充하기
로 하였다. 문창지門窓紙와 불전등촉佛前燈燭을 매득하기로 강진읍康
津邑으로 발행發行하다. 화숙교야禾熟郊野하고 만곡萬穀이 등풍登豐하
니 참 희한한 세계世界로다.

1956년 10월 27일 청晴 무인戊寅
산치山雉는 껄껄 비거래飛去來요
해선海船은 둥둥 수상히水上下라
무사한도인無事閑道人은 만경루상萬景樓上에 백주대월면白晝對月眠이
로다.

1956년 11월 18일 청晴 경자庚子
담양潭陽 보광사普光寺로부터 도광導光 수좌首座의 제자사미弟子沙彌
가 만덕사萬德寺에 와서 동반同伴하겠다고 방부榜付를 들인다. 공부工
夫하기 위하여 온 사람을 어찌 거절拒絶하리오. 흔연락종欣然諾從하다.
범어사에서 덕명德明·심인心印 양수좌兩首座와 정명월正明月·복덕심
福德心 두 보살이 범어사梵魚寺 결제結制 안거安居 봐 달라고 천리千里길

을 불원不遠하고 왔다.[205]

위의 자료는 동산이 만덕산 백련사에서 안거를 하고 있었던 때에 쓴 일기이다. 시기적으로 보면 1956년 11월 이승만 대통령 정권이 위기를 맞이하였을 때이다. 동산 전 조계종 종정은 조계종단의 구성인과 이승만 대통령의 정치적인 행보에 대하여 일절 관여하지 않고 초월하여 출가 본연의 모습처럼 용맹 정진에 온 힘을 다하고 있었다. 또한 만덕산에서 동산은 고려시대 보조의 정혜결사의 수행처에서 이탈하여 독자적인 고려불교를 세우려고 하였던 요세의 법화결사를 탐구하고 있었다. 바로 보조의 정혜결사와 요세의 법화결사를 통해 합일된 조계종의 불교사상을 구상하고 있었던 것이 아닌가 한다.

4. 정화운동의 세속법적 종속과 세 번째 종정직

조계종 초대 종정이었던 만암은 세수 81세, 법랍 71세로 열반에 들었다. 그는 조선불교조계종이라는 종명을 조계종으로 환원시켰다. 뿐만 아니라 그는 교헌을 종헌으로 변경하기도 했고, 승가를 교화승·수행승으로 구별하려고 했다. 그러한 역할을 하였던 만암 종정이 입적을 하였다.

1957년 1월 16일(음력 1956년 12월 16일)에 태고 문손 조계종 제4대 종정(해방 후 제3대 교정)이면서 해방 후 부활된 원조계종原曹溪宗 초대 종정이었던 만암 종정이 입적하셨다.[206]

---

205 동산문도회, 앞의 책, pp.248~250.
206 『태고종사-한국불교 정통종단의 역사』, 종단사간행위원회(2006), p.386.

만암 종정이 입적함에 따라 태고 문손은 보조 문손에 대항할 수 있는 힘이 훨씬 미약해졌음을 느끼지 않을 수 없었다. 당시 만암이야말로 용성이나 만해에 비근할 정도의 중요성을 지닌 승려였기 때문이었다. 또한 만암 종정만이 선학원 측 비구가 주장하는 종조 문제에 대하여 보조 문손과 태고보우 문손 사이의 갈등을 조정할 수 있었다는 점에서 그 비통함은 더했다. 만암 종정의 열반에 비통해하던 태고 법손들은 새로운 종정을 모실 준비를 하면서 더욱더 결사의 정신으로 단결하였다. 백양사의 수행승이었던 묵담이 새로운 종정으로 추대되어 만암 종정의 역할을 이어 나갔다.

1957년 3월 17일에 묵담이 그 뒤를 이어 새 종정으로 추대되었다.[207] 묵담은 종정으로 원조계종의 수장이 되었다. 그런데 태고 법손에게 뜻밖의 재판 결과가 나왔다. 대법원으로부터 조계종의 종정은 설석우(선학원 측 종정)가 아니고 송종헌이므로 정당한 절차에 의해 심리 판결하라는 환송 결정이 서울고등법원에 내려진 것이다. 불교조계종의 정당한 대표자인 종정은 송종헌임을 재확인한 것이라 할 수 있다.

어느 파가 대한불교의 종권을 잡아야 옳은 것이냐에 대하여 현재 고등법원에 종권확인소송이 진행되고 있는 이즈음, 비구승 측에서는 지난 1957년 6월 4일 제2회 정기종회를 조계사에서 개최하고 '만일 불교의 종권이 대처승 측에 있다는 판결이 나는 경우에는 비구승 전원은 동 판결에 순응하지 않고 최후에 국법으로 극형에 처지는 한이 있더라도 총무원을 양보하지 않을 것'을 결의하였다고 한다.

---

207 위의 책, p.386.

그런데 비구승 측에서 판결을 앞두고 이와 같이 결의한 이유로서는 '과거 대처승 측에서 대통령 유시에 의하여 종권을 포기하고 비구승 측에 양도하겠다는 요지의 서약을 공문으로 문교부에 제출한 바 있는데, 이번 재판에 있어서는 이 사실과 동 문서를 증거품으로 채택할 것을 비구 측이 요구하였으나 문교부에서는 그 서류를 증거품으로 제시치 않았기 때문'이라고 말하고 있는 것이다.[208]

대법원의 판결로 인해 힘을 상실한 선학원 측의 종정 문제가 새롭게 제기되기도 했다. 이것은 분명 이승만 정부가 정치적인 측면에서 내린 결론이라고 말할 수 있다. 그런데 1957년 9월 17일에는 비구승 측이 주장한 바가 옳다는 판결이 나왔다.

1957년 9월 17일에 서울고등법원으로부터 비구승 측이 주장하는 바가 옳다는 판결이 남으로써 태고 문손 총무원이 패소하고 말았다. 지난번 대법원에서 고등법원으로 환송 결정이 난 안건을 고등법원에서 '정통파는 비구 측'이라는 판결을 내린 것이었다.[209]

태고 문손들은 법률적인 판결을 믿을 수 없다고 보고 대법원에 즉각 항고하였다. 이러한 재판 결과는 분명히 이승만 정권이 비구승과 대처승의 알력을 정치적 수단으로 이용한 데서 초래되었다고 말할 수 있다. 특히 이승만 시대에는 법률적인 공방에 권력의 손이 작용했을 가능성을

---

208 조선일보, 1957. 6. 7. 「總務院 死守결의 比丘僧 定期宗會에서」
209 『태고종사–한국불교 정통종단의 역사』, 종단사간행위원회(2006), p.389.

부정할 수 없다. 이승만 시대의 법이 자율적 판단에 의하여 정당한 판결이 내려진다는 것을 믿기 어렵기 때문이다. 이는 이승만 정권이 정화운동을 지속적으로 사회 문제화하였다는 점에서도 확인할 수 있다.

1958년 1월 8일에 문교부 장관실에서 불교분규 문제 해결책을 토의하였다. 이날 회의에는 문교부장관과 차관·내무부차관·특수정보과장 등과 이재학 국회부의장·김법린·최갑환 의원, 이종욱 자유당 중앙위원 등이 회합하여 토의하였다. 그들은 화동 3대 원칙에 따라 조속한 시일에 해결하도록 주선할 것을 논의하였다.[210]

물론 이는 비구 승단과 대처승단 간의 갈등이 언론에 보도됨에 따라 정부로서 이를 해결해야 할 책임이 작용하기도 하였다.

1958년 6월 10일 경찰에 입수된 보고에 의하면 지난 6일과 7일 이틀 동안 경기도 고양군 관내 진관사에서는 대처승과 비구승 간에 큰 싸움이 벌어져 비구승 측 신도 5명이 중상을 입은 불상사가 발생하였다. 알려진 바에 의하면 전 진관사 주지이며 대처승인 김(金鏡奉, 51)씨는 동 사찰의 주지로 들어가게 된 도(都練鍾, 50)씨의 입사入寺를 반대하고자 지난 6일 하오 6시경 고아원아와 부락민 약 60여 명을 동원하여 도씨 측의 신도(主로 婦女子)를 마구 구타하고 계속해서 7일에도 그와 같은 폭행을 가하여 신도와 승려 5명에게 중상을 입혔다고 하는데, 전기 비구승인 도씨는 5일(日字未詳)에 불교총무원으로부터 진관사의

---

210 『태고종사—한국불교 정통종단의 역사』, 종단사간행위원회(2006), p.389.

주지로 임명되었고 김씨는 해직 발령을 받은 바 있다 한다.[211]

사법부의 판단이 일관되지 않아 비구와 대처 양측의 갈등을 오히려 조장한 측면도 있다. 불교 문제를 법적인 공방으로는 해결할 수 없다고 판단한 선학원 측의 선승들은 1958년 8월 10일 중앙종회를 개최하였다.

1958년 8월 10일 대한불교조계종 제13회 중앙종회가 개최되고, 8월 13일 동산은 종정으로 추대되었다. 비록 앞서의 두 번은 정화의 와중에서 오래 하지 못했으나 이번 종정에 추대된 것이 세 번째이다.[212]

동산은 69세 때 다시 대한불교조계종 종정에 올랐다. 대한불교조계종 종정직에만 벌써 세 번째의 취임이었다. 조계종단은 동산의 정치적 힘을 필요로 했고, 이승만 대통령은 동산을 가장 존경하고 있었기 때문이었다. 다시 종정으로 추대된 동산은 선학원 측의 선승들인 효봉, 청담과 함께 대처승 측의 승려들을 설득하고 회유하는 역할을 담당하기도 했다.

동산은 네팔에서 열린 세계불교대회에 참여하여 한국불교 대표자로서의 역할을 수행하였다. 국제적인 불교회의에 참여함으로써 동산은 불교의 대화합이 절실하게 필요하다는 사실을 새삼 느꼈다. 대한불교조계종의 화합 없이 한국불교의 발전은 불가능했다.

---

211 경향신문, 1958. 6. 10. 「帶妻·比丘僧 싸움 再燃 津寛寺爭奪에 暴力騷動까지」
212 동산문도회, 앞의 책, p.390.

모든 제도가 조작이 없어 보이고, 불법과 같은 평등무위한 자연성이
엿보인다. 이 나라는 농업국이어서 의복·음식 등이 전혀 사치스러운
데가 없고, 순진 질박하며, 국왕·대신·평민의 귀천이 있으면서도
평등하여 차별이 없어 보인다. 따라서 자연히 조작심이 없어지고
본연한 진심으로 돌아가게 한다. 현 세계가 모두 이렇게 진실한 세상으
로 화해질 수 있었으면 하고 염원해 본다. 거짓된 조작은 참된 데서
녹아버리고 말 것이기 때문에 …(중략)… 세계불교도대회가 여기서
열린 것은 기연機緣으로, 마침내는 전 세계가 불국토로 화하여 평등하
고 진실한 세상이 되기를 기원하여 마지않는다. 이 나라는 소승불교라
고 하지만, 이것은 출가 승려들에 대한 말이고, 온 국민은 대중 불교화되
고 있다.[213]

위 인용문은 한국불교보다도 앞선 네팔불교와 네팔 불교도들의 불교
사상에 대한 기록이다. 동산은 당시 67세의 나이임에도 불구하고 네팔
에 대해 정확히 관찰하였다. 그는 한국불교가 그동안 국제적으로 얼마
나 세계불교계와 교류가 없었는지를 실감하였다.

또한 동산은 1958년 대한불교조계종 종정의 자격으로 태국을 방문하
였다. 동산은 국제행사 참여를 통해 한국불교를 일신하는 계기로 삼고
자 하는 의도를 가지고 있었다.

11월 24일 태국의 수도 방콕에서 개최된 제5회 세계불교도대회에
이청담·서경보와 함께 참석하였다. 그때 세계불교도들에게 종풍을

---

213 동산문도회, 앞의 책, p.229.

높이 드날려 각국 불교인들에게 한국불교의 인식을 새롭게 심어주고 돌아왔다.[214]

태국에서 거행된 국제불교도대회에의 참석은 네팔에 이은 두 번째였다. 때문에 첫 번째보다는 여유를 가질 수 있었다. 그리고 태국 국제불교도대회에 참석한 것은 대한불교조계종 종정이라는 직책으로 참여를 하였기에 그 의미가 다르다.

1958년 11월 24일부터 동同 31일까지 1주간 인도印支와 '태국泰國'에서 개최된 '제5차 세계불교도대회'에 참석하고 돌아온 나로서는 국제불교운동國際佛敎運動 및 태국불교 현황을 비추어 볼 제 우리 한국불교의 진로도 명시되는 바 있으므로 이에 사부중四部衆에게 일언고시一言告示하는 바이다.[215]

---

214 동산문도회, 앞의 책, p.391.
215 오늘과 같은 세기말적인 인류의 불안과 사상의 위기에 떨고 있는 세계는 오직 우리 인류에게 참다운 생명의 원리를 개시하시고 진정한 理想世界를 실현시킬 大覺·慈悲·平和의 理法을 교시하신 佛陀의 正法으로서만 구제할 수 있다는 것이 이번 대회의 根本理念이었던 것이다. 그리고 태국은 불교가 유통된 지 2천여 년간, 한 번도 쇠퇴한 일 없이 오늘까지 찬란한 佛敎文化國을 이루고 있다. 불타의 교지와 같이 국왕·대신이 불법을 봉행하고 인민은 實業에 힘쓰며 불교를 신행하는 교도가 되어 있다. 국민이 다 불교도이지만 出家衆과 在家衆은 엄연히 구분되어 在家信者를 帶妻僧이라고 하지 않는다. 그렇지만 삼보의 신봉과 외호에 진력하여 불교국을 실현하였으니, 우리나라에서는 왜식의 帶妻僧制를 연장시켜야만 되겠다고 세속적인 재판 소송까지 한다는 것은 참으로 言語道斷이 아니냐. 만일 진정한 불교도라면 불타의 교지와 법제를 遵奉하여 野俗한 '대처승'

1958년이 지나자 동산은 일본 식민지 시대에 출세의 꿈을 접고 오직 조선불교를 구하기 위하여 출가 서원을 세웠던 본래의 정신으로 정진을 결사하고 있었다. 특히 용성에게 출가하였을 때 일심으로 정진하려고 했던 수행의 모습으로 돌아갔다. 불교조계종 종정으로서 백련사에서 때때로 용맹 정진을 하기도 하고, 때때로 범어사나 기타 인근 사찰에서 보살계를 설하는 불사를 결행하기도 했다. 1958년 동산이 백련사에 정진하는 모습을 보았던 시자들은 한결같이 참으로 무섭게 정진을 하였다고 말하고 있다.

1959년 1월 10일에 문교부장관은 서울시 교육감 및 각 도지사에게 '사찰 정화에 관한 건'이라는 다음과 같은 내용의 공문을 발송하였다.

1. 대한불교조계종 종정(한국불교조계종 종정 또는 불교조계종이라 칭하는 것은 제외)의 주지 임명장을 갖고 있지 아니한 주지는 주지로

이라는 명분을 據棄하고 출가승단에 참여할 자는 태국과 같이 再出家制를 적용할 것이요, 그렇지 않으면 재가신행 제자로서도 훌륭한 불자가 될 수 있지 않는가! 우리 한국불교의 역사적인 과업은 교단 재건에 있는 바, 출가·재가의 사부대중은 다시 일심단결하여 各其 근본 사명을 자각하고 小我·個生의 집착을 버리고 大我·公生主義를 실천한다면 민족통일도, 세계평화도 이에 基築됨이 확연한 바이다. 우리는 亡國性的 악습인 小我·個生主義를 快擲하고 大我·公生主義에 매진하는 데서 국가가 再建되고 인류를 구제할 수 있는 것이니, 우리는 다 各其 猛省하여 懺悔하여 나아가서 四部衆이 合力하여 佛敎를 實現하자.

불교 2499(1958)년 12월 14일
대한불교조계종 종정 하동산
대한불교조계종 전국 교도 제위에게

동산문도회, 앞의 책, p.217

인정하지 말 것. (註) 단기 4288년 8월 12일 이후의 종정은 고故
설석우·이효봉·하동산(現任)임.
2. 사찰 경내에서 숙박소·음식점 등의 업과 가족 동거를 금할 것.
3. 이상을 묵인하는 공무원은 엄중 단속할 것.[216]

이렇듯 이승만 대통령 정부에서는 대처승 측을 인정하지 않고 있음을
알 수 있었다. 이것은 바로 정치적인 의도가 있었음을 증거하는 것이기
도 하다.

또 1959년(을해년, 70세) 동산은 범어사의 조실로 주석하면서 한편
종정으로서 그 소임을 다하고 있었다. 그해 3월 19일에는 통도사의
말사末寺인 양산 내원사 법당 낙성식에 참석하여 설법을 하였는데,
그때의 법문 한 구절이 짤막하게 기록되어 있다.

그 도리는 깊고 깊으며 세밀하고 세밀하되 조금도 옹색함이 없다.[217]

동산의 백련사에서의 정진은 곧 직지사 3년 결사의 정신을 터득하기
위함이기도 했다. 동산은 한국불교의 발전을 위하여 결사의 정신이
없이는 불교를 지도할 수 없다고 보았다. 특히 보조 문손을 주장하였기
때문에 보조처럼 정혜결사의 정진을 진행하는 모습을 종도들에게 보여
주어야 했다. 이는 이제 힘의 우위가 비구 측으로 기울어지고 있음을
의미했다. 실제로 당시 전국에서 비구 측에 의한 절 빼앗기가 막바지에

216 『태고종사─한국불교 정통종단의 역사』, 종단사간행위원회(2006), p.392.
217 "深深密密 無壅塞." 동산문도회, 앞의 책, p.391.

이를 정도로 격렬하게 진행되고 있었다.

1959년 3월 25일 오후 3시경 광주지검 김순제 검사는 전남 장성군
북하면 소재 '백양사'에 출장, 동절간의 관리권을 위요하고 대처·비구승
간에 분쟁을 일으키고 있는 소송사건에 대한 현장검증을 하였다. 이
'백양사'의 재산권을 둘러싼 소유권 쟁탈전은 작년 10월 31일 대처·비구
승 간에 일대 유혈극이 벌어지면서 재연되어 그동안 광주지법에서는
동절간의 소유권을 비구승 측이 갖는 것이 타당하다고 가처분 결정까지
내린 바 있는데, 이날 검사가 현장검증에서 서로의 타협을 종용하였으
나 대처승 측에서 불응하는 등 소동을 일으키기까지 하였다.[218]

전국 도처에서 비구승들이 대처승들의 거주 사찰을 점령하기 시작했
다. 백양사 문제를 논한다면, 검사가 현장검증을 하고 타협을 중재한
사정을 정확히 알 수 없지만 만임 종정이 거주하였고 종조를 태고보우로
하려고 하였던 역사성이 존재하기 때문이라 짐작된다.

1959년 8월 13일 유혈극까지 연출한 비구·대처의 종권 다툼이 판가름
되던 4년 전 8월 12일 대처승의 종계宗系가 으스러지고 16개 큰절
가운데 서울 조계사를 비롯하여 각처에 흩어져 있는 12개 대찰이
비구의 수중에 넘어가던 날이다. 이날을 기념하기 위해서 12일 상오
10시 대본산 주지, 조계종 중앙의원, 중앙총무원 학림의 학인들과
비구 측 종헌宗憲을 섬기는 일반 선남선녀 1백여 명이 조계사 홍촉紅燭

---

218 동아일보, 1959. 3. 26. 「白羊寺 現場檢證」

녹아 흐르는 본당에 모여 합장을 하고 …(중략)… 불교의 상징인 만자기
卍字旗 아래 노란 법복의 하동산 종정이 입석한 가운데 불교 정화
제4주년 기념식은 삼귀의례의 합장 삼배로부터 이청담 총무원장의
개식사, 조계사 주지 등의 기념사로 차례차례 옮아갔다.[219]

이 인용문에서 보듯이 동산 종정이 참석한 가운데 조계사에서 대법회
를 가졌다. 조계사에서 법회를 거행한다는 것은 조계종의 정치적 승리
를 확인하는 것처럼 보인다. 한국불교는 포교하는 데 있어 다소 안정적
인 시대로 접어들었다고 할 수 있을 것이다. 하지만 전국의 사찰들에서
는 여전히 비구승과 대처승들이 상호 다투어 점령을 하고 있었으며,
정치적으로는 이승만의 음모에 말려들고 있었다. 1959년 8월 13일,
특히 이승만은 동산 종정을 정치적으로 이용하려고 하였다.

1959년 9월 12일에는 대한불교조계종 종정 동산의 이름으로 종령
제3호를 내려 전국의 24개 수사찰제도首寺刹制度로 전환하였다. 나머
지 다른 중소사찰들은 모두 24개 수사찰에 알맞게 배정하여 수사찰에
서 관장하도록 하였다.[220]

이는 정화운동이 마무리 단계에 접어들었음을 보여준다. 그러나
한국불교의 정화는 아직 종결되지 않았고 법정에서는 상호 공방이

---

219 조선일보, 1959. 8. 13. 「比丘·帶妻僧 다툼이 판가리 되던 날 어제 '佛敎淨化'
네돌 曹溪寺서」
220 동산문도회, 앞의 책, pp.391~392.

치열하게 진행되었다.

총무원에서는 1959년 9월 21일 문교부장관의 답변에 대한 항변서를
소송대리인인 김동현 변호사를 통해 제출하였다. '준비서면準備書面'
이란 제목으로 작성된 이 글은 상당한 장문으로 앞서 문교부장관의
'답변서'에 기재된 항변 사실에 대한 답변 형식으로 작성되어 있다.
문교부장관의 항변 사실을 하나하나 열거하여 모순적이고 부당한
점을 지적 해명하고 답변한 글은 끝으로 "서상설시敍上說示 이유理由와
같이 8월 11일(1955년) 결의가 불성립不成立 내지乃至 무효無效이고
또 소위所謂 8월 12일 전국승려대회란 것이 불성립 내지 무효인 동시에
그에서 제정했다는 법령은 하등 효력이 없다는 것이 분명한 이상
피고(문교부장관)의 주장이 부당不當함은 명백한 것이다"라고 매듭짓
고 있다.[221]

한국불교는 이승만의 정치적인 간섭으로 내분이 수습되지 못했다.
이러한 가운데 태고보우 문손들은 국묵담 종정을 통해 종회에서 한국불
교의 문제를 해결하라는 선서를 하기도 했다.

생각하건대 우리 종단은 부패와 멸망의 도度를 거듭하는 위기에 직면하
였으니 이는 종단에 내분이 발생하여 육개성상六個星霜에 이르도록
일부 반불교적인 무리들의 책략에 의하여 그 해결을 보지 못한 까닭이라
하겠습니다. 그러나 우리들은 불타의 화합정신에 체體하여 이의 수습

---

[221] 『태고종사—한국불교 정통종단의 역사』, 종단사간행위원회(2006), p.394.

해결에 만전萬全을 기期할 것이며 …(중략)… 다음은 도제양성徒弟養成과 종풍천양宗風闡揚을 위하여 전국 우수사찰을 택하여 선원·강원·율원의 시설을 확장할 것이며, 현대적인 대승불교운동을 광범위하게 일으켜 교세를 확장할 것이며, 포교전도 역경사업을 철저히 실천함으로써 종단의 재건과 불일佛日의 재휘再輝에 크게 이바지할 것입니다.[222]

국묵담 종정은 한국불교 정화운동을 내분으로 규정하고 해결 방안을 찾고 있었다. 보조 문손의 조계종 종정 동산은 1960년 1월 1일 『대한불교』라는 신문을 종단의 기관지로 창간하였다. 한국불교를 바르게 선전하고 또한 불교를 포교하기 위한 포교 신문이었다. 불교를 바르게 실천하는 것이 출가 본연의 역할이라고 한다면 먼저 민족과 민중에게 불교를 널리 알리는 역할을 할 수 있어야 한다. 조계종의 종정인 동산 대종사가 『대한불교』를 발간한 것은 불교 정화의 마지막 정리 혹은 마무리를 시도하고 있었음을 의미한다.

제3절 동산의 정화운동 평가

본서의 분석틀에 따를 때, 일본 식민지 시대 조선불교는 국가(조선총독부)와의 관계 및 불교계의 역사성에 따라 네 가지 유형으로 나누어질 수 있는데, 정화운동은 당시 불교를 크게 'I 유형'과 'IV 유형'으로 양극화

---

[222] 특히 국묵담 종정은 1959년 12월 10일 제18회 중앙종회를 열었다. 종회에서 국묵담 종정이 발표한 선서이다. 『태고종사-한국불교 정통종단의 역사』, 종단사 간행위원회(2006), p.394.

하였다. 보다 구체적으로 말하면, 당시 기득권 세력이었던 원종 계열의 승려들은 대부분 일본에 유학을 다녀온 승려로서 일본 승단의 법을 수용하여 일본불교 교단의 제도에 의한 대처승을 인정하며 국가(조선총독부)에 협력하였고 불교계의 역사성도 전통보다는 현실을 우선시한 반면에, 용성과 만해와 같은 승려들은 조선총독부와의 협력을 거절하여 국가와 갈등 관계를 형성하였다. 동산은 자신의 은사인 용성과 마찬가지로 'Ⅰ 유형'에 속하였다.

암울했던 일제 식민지 시기가 해방과 함께 종결되어 한국 사회의 통치체제는 미군정과 이승만 정부로 변화되었다. 미군정의 주된 관심사는 일본이 공산화되는 것을 막는 데 있었다. 때문에 미군정은 한민족이 원하는 바에 대해서는 전혀 관심이 없었다. 단지 안정적인 정국운영을 위해 행정 경험이 있다는 이유로 친일파들을 다시 등용하였고, 자신들과 의사소통이 되는 영어 사용자들을 우대하였다.

이러한 추세는 1948년 8월 15일 남한만의 단독정부가 수립된 후에도 지속되었다. 대한민국 수립 직후 진행된 일제 잔재 청산 작업이 실패로 돌아가고, 친일파는 친미파로 변신하면서 여전히 자신들의 세력을 유지할 수 있었다. 때문에 당시 지배 세력에 대한 민중들의 감정은 이중적일 수밖에 없었다. 우선은 지배 세력 내에 친일파가 포함되어 있어 이들에 대한 부정적 인식이 존재하였지만, 다른 한편으로는 같은 한민족으로서 함께 새로운 국가를 건설해야 한다는 인식도 존재했다.

이승만은 미국식 자유민주주의를 한국에서 실현하려 했다는 점에서 이념적으로 철저한 친미주의자였다. 그러면서도 국가 이익이 걸린

문제에 있어서는 미국과 대립하는 경우가 많았다. 우선 이승만은
미국의 원조 자금의 사용 방법을 둘러싸고 미국과 충돌했다.[223]

정부 수립 초기의 이승만은 친일파에 대해 비판적이었고, 그래서
이승만 정부에 대해 부정적 입장보다는 긍정적 입장이 많았다. 하지만
1952년 발췌개헌과 1954년 사사오입개헌 등으로 1인 장기집권을 위한
제도적 장치를 마련하자, 이승만 정부에 대한 불신이 커지고 민중들의
지지는 철회되었다. 그리고 1960년 4월 19일 이승만은 전 국민적인
저항에 직면하여 끝내는 하야하였다.

해방 후 특히 정화운동의 주체였던 비구승 측의 교단 내부의 개혁
방향은 〈표 4〉에서 보는 바와 같이 전통주의 일색이었다. 하지만 일제시
대와는 달리, 국가와의 관계는 갈등형에서 공존형으로 변화하였다.
사회적 분위기의 변화를 고려한다면 이승만 정부와 불교계의 관계도
갈등 관계를 유지했어야 하지만 현실은 전혀 그렇지 못했다. 동산도
예외는 아니었다. 일제시대 총독부와 갈등 관계를 형성하였던 동산은

〈표 4〉 비구승 측 불교사상의 변화

| | | 종교와 사회(국가)의 관계 | |
		공존형	갈등형
불교계의 역사성	전통 우선성	이승만 정권기 비구 측(동산)	일제시대 비구 측(동산)
	현실 우선성	일제시대 대처 측	이승만 정권기 대처 측

223 이주영, 『이승만과 그의 시대』(기파랑, 2011), p.219.

해방 후 정화 당시 이승만 정부와 공존하려는 노력을 보였다.

1954년 5월 20일 이승만 대통령의 유시가 발표되어 정권차원에서 비구승 측을 지원하는 모양새를 띠게 되자 비구승 측은 이승만 정부와 공존을 선택하여 대처승 측에 대응하였다. 당시 여러 면에서 대처승 계열에 비해 열세였던 점과 정화 과정에서 발생하였던 여러 소송들이 비구승 측에 불리하게 전개[224]되는 등의 어려움을 이승만 정부와의 관계를 통해 해결하고자 하였다.

그 결과, 당시 동산을 비롯한 비구 측에서는 이승만 정부에 대한 일반 국민의 정서를 살피지 못했을 뿐만 아니라 이승만 개인 및 이승만 정부의 친미주의적이고 친기독교적 성격에 주의를 기울이지 않음으로써 결과적으로는 불교계 내부의 적인 대처 측보다도 더 무섭고 더 파괴적인 영향을 끼친 외부의 적을 경시하는 결과를 초래하고 말았다. 동산의 불교계 정화운동과 한국불교 정통성 회복에 관련된 활동들 역시 대체로 이상과 같은 평가로부터 자유롭지 않다.

물론 동산의 정화운동이 처음부터 이러한 성격으로 시작된 것은 아니다. 일제 강점기의 용성, 만해, 박한영 등의 임제종운동이 정화운동의 뿌리라면 정화운동의 핵심은 민족을 억압하는 세력에 대한 저항, 곧 민족주의적 성격과 부처님 본래의 정신 수호에 근거를 둘 수밖에 없었다. 그렇기 때문에 초기에는 순수한 종교 내적 운동이자 교단 정화운동인 동시에 민족운동의 성격을 동시에 가지고 있었고 동산

---

224 당시 사법부는 일제 식민지 시기 지주 출신들로 일본 유학 경험이 있는 대처승과 비슷한 사회·경제적 배경을 갖고 있어 당시 법이 대처승에 유리했다는 분석도 있다.

역시도 그러한 운동을 지향하였다. 종교 내부로는 정통주의 입장, 즉 일제가 조선불교에 이식한 대처승 제도를 바르게 정화하고 한국불교의 전통성을 실현하는 선 중심의 불교를 회복하려는 입장에 있었지만, 다변화된 한국 사회와의 관계에서 폭력적·억압적 권력에 대한 저항을 바르게 실천하지 못했다는 점을 지적하지 않을 수 없다.

이러한 성격은 1954년 5월 20일 발표된 이승만 대통령의 제1차 불교 정화 유시를 계기로 왜곡되기 시작하였다. 앞서 논의되었듯이 이승만 정권은 해방 후 친일파 등용과 장기집권 기도 등으로 그 성격이 폭력적·억압적·반민주적 권력으로 변질된 상태였다. 때문에 일제 강점기부터 이어온 불교 정화운동의 측면에서는 당연히 민족주의적 견지에서 저항하고 국민과 함께 고통을 나누었어야 했다. 하지만 선학원 측은 정통주의 입장만을 고려하고 대처승 척결에만 매몰되어 이승만 대통령과의 정치적 유착 관계를 올바르게 성찰하지 못했다. 물론 상호 비판적인 입장에서 대처승 계열 승려들의 기득권에 대한 집착도 잘못이 크다고 할 수 있다. 선행을 실천해야 할 기득권 측의 대처승 승려들이 참으로 수행자답게 부처님의 법에 따라 대승적인 관용과 자비심으로 비구승들에게 수행의 공간을 마련해 주었어야 했다.

비구승에게 전용 수행 사찰을 제공하라는 유시를 대처승 측에서 거부하였기 때문에 비구승 측은 다소 무리한 방법을 선택할 수밖에 없었다. 기본적인 수행 공간도 마련되지 않은 상황에서 불교계의 운명에 대해 고민이 클 수밖에 없었다. 그럼에도 초기에 수행 공간을 마련하기 위해 '수행 사찰 분배 요구'라는 성격이 강했던 정화운동은 이후 '종권'과 '사찰'을 둘러싼 갈등으로 비약하였고, 이를 위해 이승만 정권이라는 세속적 권력과의 협력을 선택했던 것이다.

특히 만암이 몇 차례에 걸쳐 수좌 전용 사찰 할애를 촉구하는 등 대화를 통한 평화로운 방식을 시도했지만, 대처승들은 이를 끝내 받아들이지 않고 오히려 폭력을 사용하였다. 때문에 비구승들의 불만이 컸으나 숫자가 적고 힘이 부족하였으며, 더욱이 안거 때마다 선원으로 흩어져 역량이 결집되지 않았다. 바로 이러한 시기에 용성의 선맥을 이은 동산이 정화운동에 적극적으로 등장하였다.

동산은 초기에는 만암과 비슷하게 점진적인 방법을 생각하고 있었다. 1953년 1월 10일 이승만 대통령을 만난 자리에서 최소한 삼보 사찰(통도사, 해인사, 송광사)만이라도 수좌들이 살 수 있도록 당부하였다. 이러한 일을 계기로 동산 문하에 수많은 참선납자들이 모여들었다.[225]

선학원 측의 선승들 가운데 동산은 초기 불교 정화운동에 참여하여서는 점진적이라고 말할 수 있었다. 하지만 일제 식민지 시기와 해방 직후의 봉암사 결사정진을 통해 민족주의적이며 저항적인 한국불교 정화운동의 정신을 축적한 동산은 온갖 고초를 겪으면서도 정화운동에 대한 그의 뜻을 굽히지는 않았다. 이러한 동산의 정화운동에 대한

---

225 불교 정화운동은 초기에는 대처승들과 비구승들이 협력하여 수행자의 모습을 상호 보호하였다. 그런데 1954년 5월 20일 이승만의 정화 유시 이후에는 선학원 선승들이 공권력을 의지하게 되었다. 만일 이승만 대통령이 불교계에 자율적인 정화가 이루어지도록 하였다면, 불교 정화는 자율적으로 조선불교선교양종의 모습을 유지했을 것으로 본다.

열정은 1953년 전국의 납자들에게 보낸 격문에서 잘 드러난다. 당시에 발표되었던 격문의 자료는 현존하지 않으나 증언을 통해서 격문의 내용이 얼마나 절실하였던가를 알 수 있다.

"오호라 슬프도다, 사자신충獅子身蟲이 자신사자육인가 하여 여래 정법 중에 마군자생魔群自生하여 여래 정법을 괴멸壞滅하는도다"이었는데, 『범망경』을 비유하면서 글을 짓고, 그 중간에는 절 안에 처자식을 둔 대처승들을 절에서 나가라는 문장이 있었어요.[226]

동산의 격문이 계기가 되어 정법 구현을 위한 살신성인의 결의로서 불교 정화운동이 본격화되었다. 한국불교를 정화해야 한다는 격문이 발표되자, 범어사에 거주하고 있는 사판승들은 대처승 측 총무원과 합세하여 범어사 선원을 폐쇄하고 당시 조실이었던 동산을 추방하였다. 동산은 수적인 열세와 힘의 부족으로 한 차례 쫓겨나는 신세가 되었다. 당시 이 사실을 알게 된 문교부장관 김법린 등의 도움으로 다시 범어사로 돌아갈 수 있었다. 전국 각처에서 이와 같이 비구승과 대처승 간의 분쟁이 끊이지 않고 사회문제로 비화되는 과정에서 정부가 개입할 여지가 발생한 것이다.

한국불교 정화운동이 비구승과 대처승 간의 사상적인 논쟁[227]이라는

---

226 동산 대종사가 작성한 격문은 현재 문장으로는 존재하지 않는다고 한다. 김광식, 『동산 대종사와 불교 정화운동─사람의 향기 배어나는 선지식 33인의 회고록』 「월운 스님」, 선종사찰 범어사, 2008, p.118.

227 불교의 발전을 위해서는 이론을 중시하면서 논쟁을 전개하여야 한다. 특히

192

방법으로 진행되었더라면 한국불교의 건설적인 발전이 있었을 것인데, 사찰 소유권을 둘러싼 비구승과 대처승 간의 갈등으로 변질되어 상호 양보 없이 중지할 수 없는 다툼으로 변해버리고 말았다.

선학원 측의 선승인 동산을 중심으로 전개하였던 한국불교 정화운동은 친일 잔재 청산을 그 명분으로 내세웠다. 이승만 대통령은 사실상 친일 잔재 청산을 중지한 상태에 있었으나 불교계는 친일 잔재 청산을 외치며 진행하고 있었다. 이렇게 친일 잔재에 대한 경각심을 심어준 데는 긍정적 측면도 있으나 불교계가 시도하였던 한국불교 정화운동을 긍정적으로 평가할 수만은 없다. 특히 불교 정화운동을 선언한 선학원 측의 선승들에게는 한국불교 정통성 회복을 목적으로 불교조계종의 정통성인 종조 지눌보조의 사상을 철저히 이행하고 한국 선불교 중흥의 계기를 마련하는 것이야말로 가장 중요한 과제였기 때문이다.

또한 이승만은 불교계의 개편 문제에 대해서도 개입했다. 당시 불교계에는 일제시대 일본불교의 영향을 받아 가족이 있는 대처승들이 우세했는데, 이승만은 한국의 전통적인 불교를 복원하기 위해 가족이 없는 비구승들을 내세우려 했던 것이다.[228]

불교철학적인 관점에서 점수니 돈수니 하는 불교사상적인 논쟁을 통해 발전할 수 있다. 불교의 발전을 위하여서는 논쟁을 전개하면서 이론을 발전시켜 나가야 한다. 이러한 논쟁도 일종의 수행이라고 할 수 있다. 그런데 이 당시의 논쟁은 불교철학을 발전시키기 위함이 아니라 상대방을 꺾어 쓰러뜨리려고 한 데 문제가 있다.

228 이주영, 앞의 책, p.205.

그러나 결과적으로는 이승만 대통령의 정치적인 악용에 의해 불교의 발전에 저해된 점이 많았다는 것이 사실이다. 오히려 시간이 지날수록 대처승 측과 비구승 측의 갈등이 심화되고, 그럴수록 한국불교계의 정통성을 회복하려는 데 있어 나약해진 면이 없지 않았다. 한국불교는 정치권과 공존하는 방향으로 정화운동이 전개됨으로써 중생을 구원하고 민중과 운명을 같이하는 대자대비심이 상실되었으며, 정치적 지배세력에 불교가 의존하는 공존형으로 변화되고 말았다.

이승만 대통령의 정화 유시는 1차 발표 이후 8차에 이르기까지 이어졌다. 유시들로 인하여 선학원 측의 선승들을 유인하는 성과가 있었지만 이승만 대통령 역시 잃은 것이 많다는 사실을 깨닫지 못했다. 당시 기득권을 가지고 있던 대처승 측과의 갈등에서 열세에 위치하였기 때문이라는 점에서 상황적 논리가 적용될 수 있다.

이승만은 1954년 5월의 사찰을 보존하자, 그리고 11월의 "왜색 종교관을 버려라"라는 유시를 통해 그러한 생각을 공개적으로 발표했다. 1954년 11월과 1955년의 6월에는 강경한 어조로 대처승들이 물러날 것을 요구했다. 이승만의 지원에 힘입어 비구승들은 점차 사찰을 접수해 갔다. 그에 따라 비구승과 대처승 사이에 사찰 확보를 위한 충돌이 계속되었다.[229]

처음에는 한국불교계 내부의 정화라는 순수한 목적에서 시작된 동산의 정화운동이 이승만의 개입을 초래하고 끝내는 세속적 권력과의

229 이주영, 앞의 책, p.205.

교정야합敎政野合이란 형태로 왜곡된 것은 비판으로부터 자유로울 수 없다. 게다가 일제의 탄압에 맞서 불교와 민족의 앞날을 위해 시대사적 문제를 정면으로 받아들였던 용성과 동산의 불교운동을 생각하면, 내부의 상대에 집착하는 동안 외부의 무서운 적을 경계하지 못한 것은 후학들의 아쉬움을 더한다. 이승만의 친기독교 정책이 1960년대 기독교의 빠른 성장과 불교의 상대적 저발전의 조건이 되었다는 점을 생각하면, 당시 선학원 측에 참여한 동산, 청담, 금오 등 비구승 측의 정치적 선택은 역사적 비판을 받을 수밖에 없는 명백한 한계를 갖게 된 셈이다.

제5장 이승만의 개입과 정화운동의 왜곡

앞에서 언급한 바 있듯이 정화운동 당시 이승만은 대한민국을 기독교 국가로 탈바꿈시키려는 의도를 가지고 있었고, 이승만 개인 및 이승만 정부는 한국의 전통종교에게는 상대적으로 불리한 정책을 취한 반면에 친기독교적인 종교 정책들을 지속적으로 실천하였다. 이재헌은 그 구체적인 사례를 다음과 같이 자세하게 서술하고 있다.

이승만 정부는 미군정의 종교 정책을 그대로 계승하여 타 종교에 비해 기독교 우대 정책을 펴게 된다. 예컨대 크리스마스를 국경일로 지정한 점, 형목제도를 만들어 형무소 교화사업을 기독교에 전담시킨 일, 서울중앙방송을 통하여 선교방송을 하도록 한 점, 일요일의 공휴일화를 추진한 점 등은 미군정의 종교 정책을 그대로 계승한 것이다. 그 밖에 이승만 정부의 기독교 우대 정책을 살펴보면, 국기배례를

목례로 교체하고 국기 우상화 반대운동을 전개한 것, 군종제도를 실시하여 군 선교에 힘썼던 것, 경찰 선교를 실시하도록 한 것, YMCA와 같은 기독교 단체에 막대한 후원을 한 것, 그리고 1954년 기독교방송국과 1956년 극동방송을 설립한 것 등을 예로 들 수 있다.[230]

이러한 점에서 당시 정화운동의 핵심세력이었던 동산을 비롯한 비구 측에게는 어쩌면 불교계 내부의 상대인 대처 측보다 친기독교적인 이승만과 이승만 정부가 훨씬 더 무서운 적이었고 그러한 점에서 훨씬 더 경계해야 할 대상이었다. 그럼에도 불구하고 비구승 측에서는 오히려 이승만의 개입을 환영하였고, 결과적으로 이승만의 개입은 불교계 내부의 정화 요구에서 시작된 정화운동을 세속적 정치권력에 의해 좌우되는 정치적 운동으로 왜곡하게 되었고, 그 결과 불교계 내부의 갈등은 더욱 격화되었으며, 끝내 분종되는 쓰라린 결과를 초래하고 말았다.

이에 아래에서는 이 과정을 자세하게 논증함으로써, 정화운동의 부정적 측면이 이승만 및 이승만 정부에 의해 초래될 수밖에 없었던 점을 다시 한 번 입증해 보고자 한다.

제1절 이승만의 정화 유시와 비구 측의 정치적 태도

이승만이 정화 유시를 발표하게 된 배경에 대해서는 몇 가지 가설들이

---

230 이재헌, 「불교와 대통령 이승만」, 『불교평론』 제13권 3호, 만해사상실천선양회 (2011), p.364.

제시되고 있다. 첫 번째는 이승만이 민정 사찰을 위해 몇몇 사찰을
방문했을 때 대처승이 머물고 있는 절에 대해 좋지 않은 이미지를
얻게 되었고 이러한 이미지가 정화 유시로 이어졌다는 것이다.[231]

두 번째는 필자가 지지하는 가설로서 당시 정치적 위기에 직면한
이승만이 불교계의 갈등(정화)을 정치적으로 이용하였다는 가설이다.
이 가설에 대해 일부에서는 이러한 유시가 정치 일정과 연관성은 있지만
정치 일정을 진행함에 있어서 이승만에게 있어 유시가 유리하게 작용했
는지가 명확하지 않으므로 단지 추론에 불과하다는 비판도 있다. 첫
번째의 가설의 경우 당시 정황상 그러한 경험을 했을 가능성은 존재한

---

231 이승만이 대처승이 살던 남한산성 장경사(일설에는 돈암동 신흥사, 관악산
연주암, 봉국사라고도 함)에 이익흥 내무부장, 갈홍기 공보실장, 최헌걸 경기도지
사를 대동하여 갔을 때 기저귀를 빨고 있는 여인을 보고 어떻게 된 일이냐고
물었다. 요즘은 다 절에서 살림을 한다고 대답했다. 빨랫줄에 널린 기저귀가
바람에 펄럭이는 것을 보며 법당에 들어섰는데 법당에 먼지가 쌓여 있고 '황군무
운장구皇軍武運長久', '천황폐하수만세天皇陛下壽萬歲'라고 써진 족자가 법당 벽에
걸려 있었던 것이다. 왜정 때 그렇게 써 놓은 것이라고 대답하자 '광복 10년
되도록 그대로 있다니!'라고 독백한 이대통령은 승려들의 의식에 회의심을 느꼈
다. 만일 일본과의 관계가 다시 악화되어 그들이 이 땅에 상륙이라도 한다면,
대처승들은 친일세력이 되어 일인에게 동조할 것이라고 판단했다고 한다. 얼마
후 경국사에 갔는데 장경사의 경험이 있어 신발을 신고 법당에 들어가 서려니
주지 스님이 가로막고 신발을 벗으라고 했다. 깨끗하고 엄숙한 법당 분위기에
감동하고, 왜정 하에서도 독신 비구승이 일제에 굴하지 않고 정법을 지켜 민족자
존을 고수하고 있음을 듣고 감탄했다. 또 충남 관촉사에 갔을 때 당황한 주지가
장발을 감추기 위해 모자를 쓰고 양복 위에 장삼을 걸치고 맞이했는데, 그
모양을 보고 정화의 뜻을 더욱 굳혔다. 그때 주지를 보고 '자네는 마누라가
둘이겠군' 했는데 정말 아내가 둘이라 이 대통령을 도리어 놀라게 했다(「불교
정화와 이승만의 유시」에서 인용).

다. 하지만 친기독교주의자인 이승만이 불교발전을 걱정할 리도 없었
거니와 그렇듯 개인의 사적 경험이 국가의 정책 결정의 결정적 사유가
되었다고 주장하기에도 많은 무리가 따른다. 그리고 설령 이승만이
불교발전을 위해 정화를 추진하도록 하였다고 할지라도 그가 그 반대급
부, 즉 불교계나 시민사회의 정치적 후원 및 지지 획득을 예상한 결과[232]
라면 두 번째 가설이 역시 기각되지는 않는다. 따라서 여기에서는
이승만의 정화 유시(혹은 불교계의 갈등 유발)가 이승만의 정치적 계산과
연관되어 있다는 관점을 채택하고자 한다.

그럼에도 불구하고 문제는 당시 정화운동의 주체 세력이었던 비구
측이 이승만(혹은 이승만 정부)의 정치적 계산을 간파하고 이를 경계하
면서 일정한 긴장 관계를 유지하기보다는 이승만의 개입을 적극적으로
환영하였다는 점이다. 바로 그렇기 때문에 과연 왜 당시 비구 측에서는
이승만의 개입을 적극적으로 환영하였는지를 해명하는 것도 중요한
과제이다.

이승만의 유시 발표로 선학원 측의 선승들의 기세가 올라가고 있을
무렵에 태고보우 문종에서 교단 내부에 비구승을 등장시켰다. 대처승
측에 있던 비구승들의 지위를 부각시키고 이들을 선전도구로 썼다.

---

232 베버는 정치단체와 종교단체의 유착 관계를 정치적 보호와 정치적 후원 및
   지지의 교환관계로 해석하는 바, 정화 당시 이승만 정부와 불교계의 관계가
   이러한 성격을 띠고 있었다는 주장이 설득력을 갖고 있다. 강인철, 『한국기독교회
   와 국가-시민사회, 1945~1960』, 한국기독교역사연구소(1996); 박승길, 「한국현
   대사와 정화운동」, 『교단정화운동과 조계종의 정체성』, 불교신문사(2000) 참고.

불교 총무원 진영은 총사직하고 새로운 부서의 책임자를 비구승으로
선출하였다. 돌연 과거의 주장을 변경하여 대처승으로 구성된 불교총
무원 진영은 총사직하고 신 부서를 비구승으로 선출한 바 대처승과
대립되어 오던 비구승 측의 대표 이순호李淳浩·정금오鄭金烏·윤월하
尹月下·하동산河東山·이효봉李曉峰 등은 제외하고 장차 가담치 않고
대처승 측에서 좌우될 수 있는 유화론자, 즉 대처승과 대립하고 있는
비구승 측에 가담치 않고 대처승 측에서 개최중인 종회에 참석하고
있던 임석진任錫珍·정봉모鄭奉模·박본공朴本空·김상호金祥鎬·국묵
담國默潭·박성권朴聖權 등 비구승을 중앙 총무원장을 비롯한 각 부장部
長으로 선출하였다.[233]

요컨대 결국 여기에서는 우선 왜 이승만이 불교계에 개입하려고
하였는지, 그리고 당시 비구 측에서 왜 이승만의 개입을 적극적으로
환영하는지를 간략하게 살펴보고자 한다.

그러면 우선 전자에 대해서 자세하게 논의해 보자. 한국전쟁 직후
이승만은 정치적 위기에 봉착한 자신에게로 향해 있는 국민적 관심을
다른 곳으로 전환시킬 필요성이 있었다. 특히 이승만은 3대 국회의원
선거를 준비하면서 사사오입개헌 파동으로 야기된 정치적 위기를 타개
하기 위해 여론의 관심을 다른 곳으로 돌릴 필요가 있었다.[234] 이에
이승만은 한국불교에서 가장 치열한 대결장을 전개하고 있는 비구-대
처의 갈등에 주목하였다. 그리고 대처승 중심의 총무원 세력을 배제하

---

[233] 『태고종사-한국불교 정통종단의 역사』, 종단사간행위원회, 2006, p.276.
[234] 이재헌, 앞의 글(2011).

고 소수파인 비구 측을 지지하기 시작하였다.[235]

당시 사회적 분위기에서 일제 잔재 청산은 국민적 지지를 받는 사항이었고, 비구 승단은 물적 자산이 부족하여 여러 가지 어려움에 봉착하고 있었다. 1954년 5월 20일 이승만 대통령이 불교계 정화운동에 대하여 유시를 발표하였다고 선전한 선학원 측의 비구승들의 주장에 따라 당시의 정치적인 현상을 보면, 전국의 사찰 경영을 하고 있던 대처승 계열이 불교 재산을 독점하고 있어 대처승 계열이 불교 재산을 독점하고 있는 비구승 계열은 수세에 몰려 있었다.

그런데 이승만 대통령의 정화 유시가 발표됨에 따라 수세에 몰렸던 비구승들이 힘을 얻었으므로 이 정화 유시는 매우 중요한 문제이기도 하다. 비구승은 이승만 대통령의 정화 유시를 정화운동에 활용하였고, 이승만의 유시야말로 정부가 비구승의 주장에 정당성을 부여한 것으로 이해하였다. 선학원의 선승들은 정부 권력의 비호를 받을 수 있다는 생각으로 이승만의 유시를 적극 찬양하였다. 정치적 계산에서 비구승 측은 즉각 전국비구대표자대회를 개최하여 정화추진위원 및 대책위원을 선정하였고, 1954년 9월 27일부터 29일까지 선학원에서 비구승대회를 열어 새로운 종헌을 만들 것을 결의하는 등 본격적인 불교 정화운동에 돌입한다고 선언을 할 수 있었다.

---

235 이에 대해 노치준·강인철은 당시 무소속 국회의원이었던 박성하가 자유당 정권을 앞장서 비판하고 있었고, 1956년의 대통령선거에서 대처승들의 영향력이 크게 작용할 것으로 예상되었던 점 등이 주된 원인이었다고 지적하고 있다. 노치준·강인철, 「해방후 한국사회의 변동과 종교」, 『광복50주년기념논문집』, 광복50주년기념사업회(1995) 참고.

이러한 내용은 정화 유시에 명문화할 내용이 아니었기 때문에 오히려 정화 유시에는 앞서 언급한 두 가지 가설 중 첫 번째 가설을 입증하는 듯한 내용으로만 채워져 있다. 1954년 5월 20일 정화 유시(제1차 정화 유시)의 핵심 내용도 매우 간결한 것이었다.

동시에 일인日人들이 저의 소위 불교라는 것을 한국에 전파해서 우리 불교에 하지 안은 모든 일을 행할 적에 저의 소위 사찰을 도시와 촌락에 석겨 잇서서 승들이 가정을 어더 솟인 속인들과 갓치 살며 불도를 행해서 온 것인데 이 불교도 당초에 우리나라에서 배워다가 형식은 우리를 모법하고 생활제도는 우리와 절대 반대되는 것으로 행해 오든 것인데 이것을 한인들에게 시행하게 만드러서 한국에 고상한 불도를 다 말살시혀 노흐려 한 것이다.

그 결과로 지금 우리 나라 승도僧徒들이라는 사람들은 승인지 속인이지 다 혼돈되고 잇스므로 우리나라 불도라는 것은 거의 다 유명무실 유명부실로 되고 잇는 이때 이 김대사는 단순한 우리나라 불교의 종지宗旨를 직혀서 승도의 도리를 더럽히지 안코 지조를 직히고 잇스므로 또한 우리나라 승도의 표준될 만한 것이 사실이다

정부에서 극히 관심가지고 잇는 사람은 우리 나라 고대 문명으로 명산대찰名山大刹은 세계에 희귀한 유물이니 만치 그 건물과 역사를 보유해 두는 것이 나라를 사랑하며 민족의 영예를 높히는 자들에 각각 자기들의 밋는 종교 관계는 막론하고 이런 고적을 보우하며 개량해서 세계에 자랑하며 우리 후손에게 보여주어야 할 터인데 지금도 높은 지조를 가장 승들이 만히 잇서서 굶어가면서도 한들식 사찰과

202

암자를 직히며 보우해가는 사람이 잇어서 전부가 다 파상될 지경에
이르지 안엇지만 보통 형평을 보면 말 아닌 형평이므로 정부에서
특별히 결정하고 사찰에 속한 불량 답 답이나 토지를 승들에게 개척해
서 농작할만한 것은 절에 붓처 주어서 이것으로 생활을 보우하며
사찰을 직혀 간수케 한 것인데 어찌해서 이런 전답을 내주지 안흔
곳이 여러 곳이 잇다하니 당국들이 속히 경성 경성 해서 타락되어가는
건물을 하로바비 고칠 수 잇도록 할 것이오 막대한 고대 유전물을
길게 남길 것이니 지체말고 실시해 주기를 부탁하는 것이며 그중에
긴요한 조건은 일인 중에 생활을 모법해서 우리 나라 불도에 위배되게
행하는 자는 이후부터는 친일자로 인정받을 수박게 업스니 가장 가지고
사는 승들은 다 사찰에서 나가서 살 것이며 우리불도를 숭상하는
승들만을 정부에서 더로 내주는 전답을 개척하며 지지해 가도록 할
것이니 이 의도를 다시 깨닷고 시행하기를 지시하는 바이다.[236]

이 인용문에서 알 수 있듯이, 정화운동 당시 대부분의 사찰 자산을
주로 대처승 계열이 독점하고 있었고, 따라서 비구승 측과 대처승
측 사이의 갈등은 불가피한 측면을 지니고 있었다. 그 갈등 관계에서
수세에 몰렸던 비구 승단은 이승만의 정화 유시를 정화운동에 적극
활용하였고, 이승만의 유시는 정부에서 비구승들의 주장이 정당한

---

236 『대통령 이승만박사 담화집』 2, 국가기록원 대통령기록관, 공보실, 1956. 이승만
대통령의 유시가 1954년 5월 21일에 기록되어 있으나 발표된 날짜는 1954년
5월 20일이라고 보아야 한다. 물론 국가기록원 대통령기록관과 공보실의 자료이
기에 1956년에 기록한 자료를 참조하였다. 인용문은 현대 맞춤법으로 바꾸지
않고 원문 그대로 인용하였다.

것으로 이해하도록 하는 데 결정적인 영향을 미칠 수 있을 것으로
예상되었다. 이러한 이유 때문에 당시 정화운동 주도 세력은 전국비구
승대표자대회를 개최하여 정화추진위원 및 대책위원을 선정하였고,
이어서 같은 해 9월 27일부터 29일까지 선학원에서 비구승대회를
열어 새로운 종헌을 만들 것을 결의하는 등 본격적인 정화운동에 돌입하
였다.

이승만이 불교 정화운동을 정치적으로 이용하였다는 주장은 그해
11월 4일에 발표된 정화 유시로도 방증된다. 1954년 11월 4일 발표된
정화 유시의 내용은 이전과 같이 비구 승단에 유리한 내용만으로 채워진
것은 아니었기 때문이다. "토지개혁에 의해서 분배된 사찰 소속의
농지는 도로 내여 주라"처럼 사찰 경제에 심각한 타격을 줄 수 있는
내용도 있었고, 또 전통 승가의 운영체계를 살려 공의에 따라 시행토록
하면서 관계기관에 보고하여 허가를 받아야 한다는 내용도 있었다.

이로 인해 정부가 불교의 운영과 재산권 행사에 직접적으로 관여할
수 있게 되었다. 이렇게 볼 때, 이승만의 정화 유시는 어찌 보면 한국불교
계의 가장 비극적인 일이라 할 수 있다. 이승만의 8차 유시[237]는 한편으로

---

237 이승만 대통령의 여덟 번에 걸친 정화 유시 일정을 도표로 보면 다음과 같다.
고영섭, 「불교 정화의 이념과 방법, 청담 순호와 퇴옹 성철의 현실인식과
정화인식」, 『불교 정화운동의 재조명』, 대한불교조계종 교육원 불학연구소
(조계종출판사, 2008), p.128에서 재인용하였다.

차수	발표일	내용	비고
1	1954. 5. 20	『대처승은 사찰에서 물러나라 사찰의 토지를 반환하라』	
2	1954. 11. 5	『倭式宗敎를 버려라』	서울신문
3	1954. 11. 19	『불교계종화희망-이대통령 순리해결 종용』	서울신문

는 불교에 대한 정부의 개입을 공식적으로 인정하는 것으로 귀결되면서
도, 다른 한편으로는 한국불교의 분열의 계기가 되었기 때문이다.

물론 이승만이 이렇듯 정화 유시를 통해 불교계 갈등에 깊숙하게
개입할 수 있었던 것은 당시 비구 측의 정치적 태도와도 무관하지
않다. 그렇다면 이 글의 두 번째 과제, 즉 당시 비구 측은 이승만의
개입을 적극적으로 환영하는 태도를 취하게 되었는지를 자세하게 논의
해 보자.

여기에서 잠시 본서의 분석틀에 입각하여 불교 내부의 갈등 지형을
정리해 보면, 'I 유형', 'II 유형', 'III 유형', 'IV 유형' 등 네 가지 유형
중 식민지 시기에서부터 불교개혁을 주장했던 용성의 불교민족주의의
맥을 이은 동산 등 비구 측은 'I 유형'으로 분류되는 반면, 일본 유학을
경험하고 돌아온 일부 승려들은 일본에 의한 조선불교의 변화를 수용하
고 대처화하는 길을 선택하였다('IV 유형'). 또는 동산이 선택한 유형은
민족 정체성과 민족의 독립이라는 목표 아래 일제에 강력하게 저항하였
고 일제에 협력으로 진행된 불교의 변화에 반대했던 반면, 'IV 유형'은

4	1954. 12. 17	『順理로 解決하라 帶妻僧은 물러가고』	서울신문
5	1955. 6. 16	『還俗을 覺悟하라. 李大統領 帶妻僧 處身에 談話』	중앙일보
6	1955. 7. 13 1955. 7. 14 1955. 7. 15	사찰정화위원회 회의 1차 회의 문교부 차관실 사찰정화위원회 회의 2차 태고사법당 사찰정화위원회 회의 3차 회의 태고사 법당	조선일보
7	1955. 8. 4	『倭色僧侶는 물러가라』 이대통령 불교 문제에 언급	동아일보
8	1955. 11. 8	『佛敎에 關한 件』 (대통령이 내무부장관과 문교부장관에게 지시한 공문)	

당시 한국불교의 변화를 수용하였을 뿐만 아니라 자신들의 기득권을 유지하기 위해 조선총독부와 공존하는 것을 선택하였다. 따라서 식민지 시대 한국불교는 주로 'I 유형'과 'IV 유형'으로 분열되어 갈등하였다.

해방 이후 국가적 수준에서의 친일 잔재 청산이 실패한 상황에, 불교계에서 친일불교를 청산하는 운동이 발생하자 개혁의 방향은 복잡하게 전개되었다. 우선 친일 행적으로 도덕적-불교적 명분을 상실하였던 'IV 유형'의 기득권 세력이 온존한 상황에서 그에 맞선 대응세력으로서의 'I 유형'이 자리를 잡지 못하고 있었다.

이 유형에 속한 대표적인 인물 동산이 정화운동의 지도자로 참여하였지만, 이미 60세가 넘은 상황이어서 상징성 이상의 영향력을 발휘하는 데는 한계가 있었다. 그 대신 선학원 측의 선승들이 정화운동을 주도하게 되었다. 특히 이승만 정부의 토지개혁으로 생존의 문제에 봉착한 이들은 정화운동에 온몸을 바치고 있었다. 하지만 문제는 앞서 언급했듯이 평생 수행에만 정진한 수좌들은 불교와 사회 간의 관계를 성찰하지 못했다는 한계를 지니고 있었다. 전통주의적 방향의 교단 개혁만을 추구했을 뿐이다. 게다가 불교계 외적으로는 당시 이승만 정권의 성격과 개혁의 정신을 고려할 때, 지배 세력과 상호 긴장 및 저항의 관계를 형성했어야 함에도 불구하고 지배 세력과의 공존의 형식을 취하게 되었다. 결국 일제 식민지 시기에 불교개혁을 주도했던 전통주의 지향의 비구승 측은 사회(국가)와의 관계를 갈등에서 공존으로 전환한 셈이었다.

제2절 이승만의 정화 유시와 불교계 갈등의 격화

선학원 측의 선승들이 불교와 사회의 관계를 올바르게 성찰하지 못한
상황에서 이승만의 유시는 전통주의적 불교개혁을 지지하는 것처럼
보였다. 나아가 기득권을 가진 대처승 계열과 힘겨운 투쟁을 이어가고
있었던 선학원 측에서는 당시 친미주의적이고 친기독교적인 이승만과
그 정부가 한국을 기독교 국가로 건설하려는 의지를 표명하고 있었음에
도 불구하고 그것을 직시하지 못한 채, 이승만의 정화 유시를 자신들에
대한 전폭적인 지지로 착각하고 있었다. 바로 이러한 판단 착오로
불교계 내부의 갈등은 봉합되기보다는 오히려 악화되었고, 심지어
더 이상 돌이킬 수 없는 적대적 투쟁으로 비화되어 가고 있었다. 그
첫 사건이 조계사를 둘러싼 양측의 갈등이었다.

> 1954년 11월 10일 조계종 중앙종무원 간판 부착, 비구승 전체가 태고사
> 에 가서 총 결재를 마치고 태고사에 조계사라는 간판과 불교 조계종
> 중앙종무원이란 간판을 붙이고 박성화 총무원장에게 사무 인계를
> 권수하고 하루빨리 교단 정화를 촉진하라는 명령을 하였으나 끝끝내
> 합법적이라는 말로 지연책遲延策으로 유린蹂躪하고 있다.[238]

한국불교의 상징이라 할 수 있는 조계사를 두고 비구승 측과 대처승
측의 물리적 대결은 매우 치열하게 진행되었다. 이러한 사건을 통해
한국불교는 그야말로 극한 대립으로 치달아 대화로서는 해결 방안을

---

[238] 한국불교승단정화사편찬위원회(1966), 앞의 자료, p.122.

찾을 수가 없게 되었다. 불교계의 대립이 격화된 시점에 결과적으로 불교의 위상은 땅에 떨어졌고, 조계사는 태고사와 조계사로 하루가 멀게 점령을 하고 점령을 당하는 악순환이 반복되는 모습이었다. 그런데 이승만 대통령이 불교계에 분쟁을 유발시킨 후에 기독교계에는 어떠한 정책을 시행했는가를 살펴보고자 한다.

1954년 12월 15일 첫 전파를 발사한 우리나라의 대표적인 기독교계 종교방송이자 최초의 민간방송, 기독교방송(호출부초 HLKY, 주파수 700KKHZ, 출력 5KW)의 설립은 미국인 선교사 디캠프(Otto E, Decamp: 甘義道) 목사의 주선으로 한국기독교연합회 산하의 음영音影위원회에서 담당했다. 초대방송국장은 설립자인 디캠프 목사가 맡았다. 방송국의 재정은 미국 시청각위원회의 원조에 상당 부분 의존했다.[239]

이승만 대통령이 기독교와 유대할 때 불교계의 상황은 점점 부정적으로 변화하고 있음에도 불구하고 대처승 측과 비구승 측은 대화와 타협으로 문제를 해결하지 않고 서로의 존재를 부정하는 방식으로 문제를 해결하려 들었다. 선학원 측(비구승 측)의 선승들은 불교 전통의 복원이라는 정화운동의 본래 목적이 사찰 점령으로 변질되어 있었으나 기존 정화운동 방식에 반성하지 않고 이승만 대통령의 유시에만 기대었다.

비구 측의 정화운동은 정당성이 있음에도 불구하고 그것을 이승만 정권의 유시에 의존함으로써 이후 불교계가 정치권력 영향력 속에

239 송남헌, 『한국현대정치사』(제1권)(성문각, 1978), p.329.

놓이게 되는 문제를 낳게 된다.[240]

태고사 대처승 측에서도 비구승들이 등장하였다. 반면에 선학원 측에서는 비구계를 수지할 수 있는 시간이 없었다. 대처승 측에서는 금강계단을 설치하여 31본산에서 비구계를 실시하였지만, 선학원 측의 비구승들은 비구계를 수지할 계단이 없었다.

대통령과 그 지시에 따르는 문교부의 뜻에 맞추어 대처승이었던 총무원 간부진을 모두 독신 비구승으로 교체하였는데도 소위 비구파(선학원 측)에서는 또 트집을 잡고 종권을 몽땅 자기네 진짜 비구들에게 넘기라고 강요하였다. 문교부에서의 조정 노력도 소용없이 그들은 그해(1954년) 12월 10일에서 13일 사이에 전국 비구·비구니대회를 열고 태고사 총무원에 '종단사무인계'를 강요하는 논의를 회의의 초점으로 삼았는데, 대회를 마친 13일 오후에 시위 행렬을 이끌고 경무대 앞까지 몰려가서 대처승을 몰아내어 정화를 이루게 해달라고 외쳤다. 이때 5명(또는 7명)의 대표가 경무대로 들어가 대통령을 만나 조속한 조치가 있기를 호소하였다.[241]

이처럼 대처승단에서 비구승들의 존재성을 강조했던 것은 이승만의 유시 때문이기도 하지만, 당시 전통주의적 개혁 방향이 시민사회의 지지를 받고 있었음을 뜻한다. 다시 말해 해방 후 국가적 차원에서의

---

240 정도, 「경봉 선사 연구」, 동국대학교 대학원 선학과 박사학위 논문, 2010, p.19
241 『태고종사-한국불교 정통종단의 역사』, 종단사간행위원회(2006), p.277.

친일파 청산 작업이 실패한 상황에서도 여전히 시민사회는 친일 잔재 청산을 염원하고 있었고, 대부분의 불자들도 친일 잔재의 청산을 시도 하는 전통주의적 불교사상을 지지하는 것이 일반적이었다는 점을 말해 준다. 이는 곧 당시의 대처승 교단 조직은 곧 친일세력이라는 정화운동 의 구호가 사회적 지지를 받고 있었음을 뜻한다.

이는 이승만의 정화 유시에 기대지 않고, 정화운동에 대한 지지를 호소하는 방식으로도 불교 개혁이 가능했음을 보여준다. 물론 그 전제 는 전통주의적 불교사상을 지향하는 승려 집단이 일제 식민지 시기에 민중들과 고통을 함께하고 독립에 투신했던 저항적 불교사상을 가지고 있었다는 점이다.

선학원 측의 선승들은 당시 지배 세력의 실체를 정확히 파악하고 이에 기초하여 관계를 수립했어야 함에도 불구하고 정치적 지지를 상실한 지배 세력, 곧 이승만 정권과의 공존을 선택하여 사회의 지지를 받을 수 있는 가능성을 스스로 차단해 버렸다. 그 결과 당시 비구승 측은 무리한 사찰 접수라는 방식을 선택할 수밖에 없었다.

또한 비구 측은 이승만의 유시 발표 이후에 태고 문손이 주장하는 비구 승단의 문제점을 상호 인정할 필요성이 있었다. 수좌로서 행정 경험이 전혀 없었던 비구승 측이 사찰 운영을 하는 데에는 한계가 있었기 때문이다. 이러한 관점에서 본다면 태고 문손과 보조 문손이 상호 합일점을 찾았어야 했다. 그러나 양측은 불교의 발전보다는 자신 들의 이익만을 앞세워 서로의 존재를 부정하였다. 그 결과 한국불교의 정당성이 약화되었을 뿐만 아니라 한국불교 전체의 대외적 정치력에 치명상을 입힘으로써 세속적 정치권력에 종속되는 결과를 낳게 하였다. 이는 크게 보면 이승만 정권에 분할 통치의 가능성을 열어 주는 것으로 귀결된 반면, 한국불교의 입장에서는 불교 내적으로 갈등하는 양측 모두의 패배에 다름 아니었다.

그럼에도 불구하고 이승만의 정화 유시는 1954년 5월 20일 최초로 발표된 이후 1955년 12월 8일까지 모두 8차례 발표되었다. 그중에는 이승만의 독자적인 판단에 의해 이루어진 사례도 있지만, 불교계의 요구에 의해 이루어진 경우도 있었다. 이는 한편으로는 당시 비구승 측에서 정화 유시를 정화운동에 이용하였다는 측면도 있지만, 다른 한편으로는 이승만도 정화 유시를 통한 불교계의 내적 갈등을 당시 불교계의 분할 통치의 계기로 활용하였다는 추측을 가능케 한다. 당시 시민사회에 비해 상대적으로 강력하였던 독재정권의 대통령이었던 이승만의 정화 유시 내용이 차수를 거듭할수록 조금씩 변화하고 있는 까닭도 그 내용이 이승만 정부의 정치적 계산과 무관하지 않았음을 의미한다.

불교계의 비구-대처승의 갈등이 전적으로 이승만의 정화 유시 때문인 것이 아님은 두말할 나위도 없다. 불교 내적 요인이 그 궁극적 원인 제공자이기 때문이다. 해방 직후 당시 대처승이 주류였던 총무원 세력들은 비구들의 수행처 제공 요구를 즉각 실천하지 않았다. 오히려 조계사에 거주하고 있던 총무원 측에서는 선학원 측의 선승들을 멸시하는 태도를 취하였다. 그러한 태도 대신 상호 인정하고 선학원 측의 대화에 나섰다면 정화운동이 사찰 접수로 변질되지 않았을 가능성도 있었다. 또한 비구승 측이 권력에 의지하지 않았던 보조를 종조로 설정하였고 그러한 점에서 장기적으로는 정치에 무관심한 소집단으로 귀결될 가능성이 남아 있었음에도 불구하고, 대처승 측은 현실의 기득 권에만 집착함으로써 비구승 측의 요구를 넉넉하게 수용하지 못하고 있었다.

앞에서 언급한 것처럼 당시 사회 정치적 분위기 속에서 친미주의적이 고 친기독교적인 이승만과 그 정부를 일방적으로 지지한 비구 측에서도 갈등의 빌미를 제공한 것은 사실이다. 한국전쟁 직후 자유당이 사사오 입과 같은 터무니없는 방법으로 개헌을 강행하자, 야당 세력들은 반이 승만 연합 전선을 만들어 1954년 말부터 1955년 초까지 원내교섭단체 로 호헌동지회를 구성했다.

그럼에도 불구하고 당시 선학원의 비구승 측은 이승만을 지지하였 고, 동시에 이승만의 유시를 내세우며 각 사찰을 한국불교 정화의 이름으로 점령하기 시작했다. 이러한 관계는 이승만 정권의 마지막까 지도 그대로 이어지고 있었다. 심지어 이승만의 80회 생일을 맞이하여 선학원 측 종단 간부들이 자발적으로 경무대에 들어가기도 했다. 당시 비구승 측 대표 지도자이자 정화운동의 주역으로 참여한 하동산·이청 담·박인곡·이용범·최원허 등 5명의 승려가 경무대 만찬에 참석하였 다. 이는 결국 이승만이 자신의 정치적인 실책을 회피하기 위하여 불교계의 분쟁을 유발하는 음모를 자행한 것이나 마찬가지의 결과를 초래하였다.

이렇게 볼 때, 비록 이승만의 정화 유시가 불교계를 분열시키는 결정적인 변수이기는 했지만, 대처승 측 종단의 간부들이 조금만 양보 했어도, 그리고 당시 비구승 측에서 이승만 정부의 성격에 대해 비판적 인 관점을 견지하고 있었다면 종단의 문제로 불교가 분열되지 않았을 것이며, 불교가 분열되지 않았다면 불교는 건강한 민족불교로 자리매 김하는 데 있어 튼튼한 버팀목이 되었을 것이다. 이는 후학들의 아쉬움 일 뿐 실제 정화운동 과정에서 불교계 내부의 '8년 전쟁'과 종파 분열이라 는 참혹한 결과를 남기는 것으로 귀결되고 말았다.

실제로 1970년 11월 태고종으로 분종함으로써 해방 후 한국불교계의 정화운동은 분파 분열로 귀결되었다. 정화운동은 한국불교계가 내부 갈등을 종식시키기 위해 자신의 몸을 반쯤 잘라내는 희생의 대가를 지불하게 했고, 동시에 수술은 성공했는데 사람은 죽어버린 결과, 즉 불교의 생명인 자주성은 죽어버리고 세속 권력에 종속되는 의도하지 않은 결과를 초래하고 말았다.

제3절 정화운동의 정치적 왜곡

이승만은 어릴 때 불교집안에서 성장하기는 했지만 기독교로 개종한 이후 철저하게 기독교 신자로서 살았다.[242] 때문에 원래는 불교와의 인연이 있었는데, 1985년 배재학당에 입학하여 신학문을 배우면서 서재필과 같은 친미주의적이고 친기독교적인 인사들과 교류하고, 아 펜젤러, 헐버트, 언더우드, 게일과 같은 선교사들과도 친밀하게 교우하 면서 기독교로 개종하였다.[243] 하지만 1953년 우연한 기회에 동산과

---

242 이승만은 25세였던 1899년 기독교에 귀의하였고, 미국과 한국에서 기독교 교육이 나 선교활동에 종사하였다. 또한 대통령이 된 뒤에서도 서울 정동 감리교회에 출석하며 신앙생활을 유지하였다. 이에 정동 감리교회는 1956년 이승만을 명예 장로로 추대하기도 하였다. 이재헌, 앞의 글(2011).

인연을 맺은 이후, 이를 계기로 불교 인맥이 넓어졌다. 이승만은 1953년 불교계 인사들과의 만남을 시작으로 1954년 불교 정화 유시를 발표하고 1955년 선학원 측 승려들과의 만남으로 인연이 확장되었다.

이렇듯 동산을 비롯한 소수 비구승들과의 개인적 인연에도 불구하고 이승만의 정치적 태도는 결코 불교 발전에 우호적이지 않았다. 이승만은 자신의 삶을 기독교에 헌신하고자 하였다. 사적으로 이승만은 미국과 한국에서 기독교 교육 내지 선교 활동에 종사하였을 뿐만 아니라 공적 차원에서도 한국을 완전한 예수교 나라로 만들겠다는 생각을 가졌다.

이승만은 대통령이 된 뒤에서 변함없이 서울 정동 감리교회에 출석하여 교회 활동을 중단하지 않고 독실한 신앙생활을 유지하였기에 1956년 정동 감리교회는 그를 명예장로로 추대하였다. 1945년 11월에 행한 연설에서는 "지금 우리나라를 새로이 건설하는 데 있어서 튼튼한 반석 위에다 세우려는 것입니다. 오늘 여러분이 예물로 주신 성경 말씀을 토대로 해서 세우려는 것입니다. 부디 여러분께서도 하느님의 말씀으로 반석 삼아 의로운 나라를 세우기 위해 매진합시다"라고 하였다.[244] 이렇듯 이승만의 친기독교적 공적 태도는 이후에도 변함없이 지속되었는데, 1949년 11월 한국을 방문한 미국 감리교 선교본부의 브럼보(T.T. Brumbaugh) 총무가 기독교에 어떤 중요성을 부여하고 있느냐고 묻자, "우리는 한국의 민주적 발전에 대한 모든 희망을 기독교운동에 기초하고 있습니다. 우리가 어디에 희망을 걸 수 있겠습니까? 기독교운동은

---

243 이재헌, 앞의 글(2011).

244 이재헌, 앞의 글(2011).

우리의 유일한 희망입니다"라고 대답했다.[245]

실제로 이승만 정권은 일방적인 개신교 편향 정책을 취한 반면, 불교, 천도교, 유교 등 민족종교는 말할 것도 없고 천주교조차도 이승만과의 관계가 악화되어 갔다. 게다가 당시 이승만에 적대적인 정치적 태도를 취했던 김창숙이 이끄는 유교가 분규를 심각하게 겪게 되었다는 점을 고려하면, 당시 이승만 정부에 호의적이지 않았던 대처 측 주도의 불교계 역시 분규가 예정되어 있었다.

해방 직후 수행처 확보와 교단 정화라는 순수한 동기에서 촉발되었기 때문에 기껏해야 불교계 내부의 갈등으로 그칠 수밖에 없었던 정화운동이, 정화 유시를 통한 이승만의 정치적 개입을 계기로 급격히 정치화되었고 또 불교계 내부의 갈등도 격화되었다. 이는 이승만의 계속된 정화 유시가 정화운동을 왜곡시켰음을 의미한다. 실제로 이승만은 불교를 정치적 이용가치로 간주하였을 뿐만 아니라 유시를 통해 불교계 내적 갈등 및 충돌을 유발시켰다.

물론 불교계, 특히 비구승 측에서도 마찬가지로 이승만의 정치권력을 이용하였다. 1954년 6월 24일 선학원에서 정화운동을 선언한 이래 이승만의 정치적인 협력자였던 선학원 측의 선승들은 대처승 측을 향해 승려가 아니라고 주장하면서 한국불교를 바르게 세우겠다고 선언하였다. 나아가 불교신도들이 경무대 앞에서 북진통일 지지 시위를 벌이고, 1956년에는 비구 측 대표들이 경무대를 방문하여 대통령 선거 재출마를 호소하고, 3·15 부정선거에도 조계종단이 체계적으로 동원

---

245 강인철, 『한국기독교회와 국가-시민사회, 1945~1960』, 한국기독교역사연구소, 1996.

되었다.[246] 이는 한국불교와 세속적 정치권력인 이승만 정부가 상호 지지와 후원의 관계, 즉 교권 유착 관계를 형성한 것에 다름 아니었다.

이러한 유착 관계는 불교계의 갈등을 분종으로 몰아가는 형국으로 유도하였다. 선학원 측 선승들은 경찰의 비호를 받지 않고서는 사찰을 점령할 수 없기에 이승만을 지지함으로써 이를 관철하였다. 이승만도 경찰들을 동원하여 선학원 측의 선승들이 필요한 것을 제공함으로써 선학원 측 선승뿐만 아니라 한국불교의 불자들로 하여금 자신에 대한 충성심을 유발케 했다. 선학원 측 선승들은 이승만의 정권 경찰의 비호를 받아 태고 문손들이 거주하는 사찰을 점령할 수 있었다. 이렇게 볼 때, 이승만과 비구승 측의 관계는 다분히 정치적인 계산에 의해 서로 원하는 것을 교환하는 관계였다. 그 결과 한국불교계의 정화운동 은 정통성 회복이 아니라 지지 세력의 기반을 확대했고, 정치권력에 편승하여 사찰 쟁탈권 같은 세속적 정치운동으로 변질되고 말았다. 바로 그 때문에 한국불교계의 정화운동은 이승만의 사퇴 이후 또다시 사찰 쟁탈전을 치러야 하는 아픔을 겪었을 수밖에 없었다.

---

[246] 노치준·강인철, 앞의 글(1995).

제6장 결론

불교 정화운동은 근현대의 한국불교운동에서 가장 역사적인 사건 중 하나라고 할 수 있다. 한국불교 정화운동에 대한 연구가 끊임없이 진행되고 있는 것도 이러한 이유 때문이다. 그러나 정화운동 당시의 불교계의 최고 지도자, 즉 불교조계종 종정의 역할을 수행하면서 근현대 한국불교의 선맥과 율맥을 전승했다고 평가받는 동산에 대한 연구는 미진한 상태로 있다. 정화운동 연구사에서 결코 간과되어서는 안 될 그와 연관된 중요한 자료들이 충분히 존재함에도 불구하고, 그동안 동산에 대한 본격적인 연구가 없었다.

본서는 기존의 정화운동 연구에서 소홀히 다루어졌던 동산의 존재를 복원한다는 의미를 지니고 있다. 특히 동산에 주목한 이유는 그가 일제 식민지 시기에 조선총독부의 온갖 회유에도 굴복하지 않고 오로지 용성의 유지를 실천하고자 한 민족주의자였다는 점뿐만 아니라 한국불교의 정통성을 올곧게 계승하려고 한 의지가 정화운동에서도 주도적 역할을 하였다는 점을 밝힘으로써 정화운동의 역사적 위상을 제대로 자리매김할 수 있다고 생각하였기 때문이다.

또한 본서에서는 단순히 동산과 관련하여 정화운동의 역사성을 규명하는 데 그치지 않고, 결과적으로 정화운동의 본래의 순수성이 왜곡되어 정치화될 수밖에 없었던 이유를 밝히고자 했다. 지금까지 대부분의 선행 연구는 정화운동과 관련된 역사적 사실을 단순히 나열할 뿐 이를 사회적·역사적 맥락 속에서 해석하는 데에는 미흡한 감이 있었다. 보다 구체적으로 말하면, 본서는 식민지 시기부터 해방 이후 미군정과 이승만 정권까지 정치적 지배 세력과 불교의 관계 변화뿐만 아니라, 불교계 내부의 갈등과 연동하여 그 정치적 역동성을 규명하고자 하였다.

특히 정화운동의 전개 과정에서 이승만이 자신의 정치적 실정을 만회하려고 불교계의 분쟁을 유발시켰던 측면에 초점을 맞추면서, 이승만 정권과 동산을 포함한 당시 정화운동 주도 세력 사이의 정치적 협력 관계를 비판적으로 고찰하였다.

정화운동에 내포된 역사성과 정치적 역학 관계를 동시에 고려할 때, 동산의 정화운동도 결국 다음과 같은 한계를 노정할 수밖에 없었다.

첫째, 동산의 정화운동이 화합보다는 갈등의 방향으로 전개되었다는 문제점을 지적할 수 있다. 승가집단은 본래 화합의 집결체인데 화합을 이루어내지 못하고 불교 논쟁으로 교단이 분열되었다.

둘째, 동산의 정화운동은 스승 용성의 건백서를 실천하려는 의지의 산물이었다. 한국불교의 정통성을 계승한 전승자라는 면에서 동산의 정화운동은 정통성을 내포하고 있을 뿐만 아니라, 왜색화된 불교계 정화를 통한 한국불교의 정통성 회복이라는 명분을 가지고 있었다. 그러나 이승만 정권과의 유착 관계로 말미암아 정화운동의 순수성이 정치화되면서 크게 왜곡되는 결과를 초래하고 말았다는 한계도 동시에 드러내고 있다. 또한 동산의 정화운동은 친일 대처승 문제에 집중되었다는 아쉬움이 있다. 타락한 조선 승려들의 문제를 바르게 정립해야 한다는 관점보다 왜색 승단의 청산이라는 목적에만 집중한 나머지 세속적인 이승만의 정치권력에 의지하려고 했던 점은 비판의 여지가 없지 않다. 일본불교의 잔재와 단절하려 했던 동산의 정화운동은 또 다른 거대한 세력인 이승만(친미적이고 친기독교적인 이승만 정부)의 정치적 야욕에 의해 순수성이 상실된 결과를 초래하였다.

셋째, 불교계의 내적인 문제점도 상당하였다. 조선불교를 정화한다는 점에서는 이견이 없지만, 종조와 종지에 대한 문제로 대립하여 상호 협력하지 못하고 분열된 것은 비판받아 마땅하다. 대처승과 비구승 양측은 환부역조라는 문제를 들고 더 이상 서로를 용납하지 않으려고 했다. 동산을 중심으로 한국불교 정화에 앞장섰던 금오와 청담을 비롯하여 많은 선사들이 대한불교조계종이라는 종명과 종조를 새롭게 밝혀 내는 운동을 전개하였지만, 이는 오히려 불교 내부의 빌미를 제공함으로써 불교의 본래 목적인 중생 구원의 노력을 소홀히 하는 결과를 초래하였다.

이상과 같은 발견에도 불구하고 본서는 다음과 같은 한계를 내포하고 있다.

첫째, 동산의 정화운동에 관한 연구만으로는 조선불교의 정통성을 회복하려고 하였던 선학원 선승들의 염원과 그 염원이 왜 임제선종의 중흥으로 귀결되지 못하였는지를 충분히 해명할 수 없다는 아쉬움을 수반하고 있다. 본래는 일제 식민지 시대에 창종된 원종과 조선임제종의 정통성의 문제점을 제시하면서 정화운동이 전개되었음에도 불구하고, 임제종의 조선 부흥을 성취하지 못하고 이승만 정권에 의지하여 왜색화된 승단의 모습만을 단절하려고 했던 변화 과정과 내용을 더 자세히 연구하지 못했다.

둘째, 불교계의 내분을 조장해 자신의 정치적 실정을 감추려고 하였던 이승만 정권의 행태에 대해 실증적인 분석을 시도해야 함에도 불구하고 본격적인 논의를 전개하지 못한 아쉬움을 내포하고 있다. 이승만의 유시를 분석하지 않고서는 한국불교 정화 역사에 대한 오류를 면하기 어렵다는 점을 고려하면, 이승만의 유시가 진실이냐 거짓이냐의 진위 여부를 가리는 것도 매우 중요하다. 아직까지도 이승만과 정화의 관련성에 대한 자료들이 충분히 밝혀지지 않았을 뿐만 아니라 밝혀진 자료마저 충분히 소화하지 못한 때문이기도 하지만, 본서가 너무 동산과 정화운동의 관련성에 초점을 맞춘 결과이기도 하다는 점에서 이는 본질적인 한계이다.

셋째, 한국불교계의 정화운동에 대한 연구는 그 역사적 정당성을 검토한다는 점 외에도 향후 한국불교의 정화를 위한 교리적·사상적 체계와 정통성을 설정한다는 목적을 가지고 있다. 하지만 본서는 이러한 과제를 거의 수행되지 못했다는 한계점도 내포하고 있다.

그리고 이렇듯 본서에서 스스로 인정한 한계는 논문의 체계상 후속 연구를 통해 보완되어질 수 있을 것이다.

부록 : 한국불교계 정화운동 일지

연 도		내 용
1945년	8월 15일	광복
	8월 17일	태고사의 종무총장을 비롯한 전원이 사퇴함.
	9월 22~23일	전국승려대회를 개최함. 사찰령과 조계종을 폐지하고 종명을 '조선불교'로 개정함.
1948년	4월	박한영 교정원의 입적으로 만암 송종헌 스님이 제2대 교정이 되어 종명을 '조계종'으로 환원함.
1952년		통도사회에서 송만암 종정이 제시한 18개 사찰을 선승들에게 양도함. '불국사회'에서 동화사·내원사·직지사·보문사·신륵사 등 18개 사찰을 선승들에게 양도할 것을 결의함.
1953년	4월 14일	선리참구원을 창건 당시의 명칭인 재단법인 선학원으로 법인 명의를 변경하여 등기함. 선학원에는 전국의 선승들이 선학원으로 모임.
	5월	하동산 선사가 사판승들에 의해 범어사에서 추방됨. 전국의 비구승들이 사판승들의 부당함을 알리기 위하여 선학원에 모여 대회를 개최함.
1954년	5월 20일	이승만 대통령이 대처승들은 사찰에서 물러나고 사찰 소유 재산을 반환하라는 내용의 1차 정화 유시를 발표함.
1954년	6월 20일	대처승들이 태고사에서 중앙종회를 개최함. 선학원 수좌들이 중앙총회에서 수좌들에게 사찰을 배려할 수 있다고 보아 수좌들이 방청함.
	6월 24일	선학원에서 불교 정화발기인대회 교단정화운동 추진준비위원회를 구성함.
	8월 25일	전국비구승대표자대회 개최함.
	8월 28일	정금오·이순호 화상이 공보처를 방문하여 대통령 유시에 대한 감사문을 전달하고, 결의서를 위촉함.
	9월 14일	송만암을 초청하여 전국대회를 개최할 것을 양측이 합의함.
	9월 28일 ~ 29일	제2차 전국비구승대회를 개최함.
	9월 30일	제1회 임시종회를 개최함.

	10월 3일	이불하·권상로가 종조 문제를 토의하여 그 결과 종조로 보조국사 정통을 긍정함.
	10월 9일	대처승 측의 기관회의가 시작되고, 이효봉 선사가 순교단식 정진을 시작함.
	10월 10일	양측 대표 5인 회담 결과 의견 차이로 분열됨. 대중 일동 80명이 경무대를 방문하여 대통령 면담을 요구함.
	10월 11일	대표단 5인은 경무대를 방문하여 대통령을 면회함.
	11월 3일	선학원에서 제2회 임시종회를 개최함.
1954년	11월 5일	이승만 대통령이 왜식 종권을 버리라는 내용의 2차 유시를 발표함.
	11월 21일	이승만 대통령이 불교계 정화를 요망하는 내용의 3차 유시를 발표함.
	12월 17일	이승만 대통령이 불교 분규를 순리로 해결하고 대처승 물러가라는 내용의 4차 유시를 발표함.
1955년	1월 1일	하동산·이효봉·이대의 등 전국 비구승 대표단이 경무대를 방문함.
	1월 6일	개운사에서 제1회 대한불교조계종포교사대회를 개최함. 하지만 비구승 측의 방해로 무산됨.
	1월 8일	불교 정화 환속 명단을 발표함.
	1월 16일	선학원을 출발한 비구승들이 조계사를 점령했으나 대처승 측의 항의를 받고 물러남.
	1월 26일	문교부 주재로 조정 모임을 가지고, 비구 측과 대처 측 각 3명이 대표로 참석함.
	1월 27일	불교 정화대책위를 결성함.
	1월 28일	이청담·윤월하·손경산 등이 문교부를 방문하여 대처승 쪽에 협력하겠다는 언질을 받아냄.
	1월 29일	문교부 장관 비구승 지지안을 발표함.
	2월 1일	비구승 측 승려 자격 심사 원칙을 작성함.
	2월 2일	대처승 측 비구 자격 원칙 제출안을 작성함.
1955년	2월 4일	문교부 장관실에서 양측 대표자가 회합을 가짐.
	2월 7일	불교 정화 최종 원칙 동의를 위해 비구 측과 대처 측의 회합을 가짐. 전국비구승대회에서 하동산 종정의 설법과 방생이 있었음.
	2월 8일	대처 측에서 타협안을 거부함.
	2월 13일	김상호 명의 서한 내용을 제시함.
	2월 22일	김성수 선생 조의. 이청담·윤월하가 치안국을 방문함.

	2월 24일	김성수 선생 장례식 참석. 최원허·이대의·김향봉 계론. 이청담·윤월하가 문교부를 방문함.
	2월 27일	종정 하동산이 설법함.
	3월 7일	경찰청 지시 수배자 71명 명단 발표함.
	3월 9일	열반제식 봉행함. 방한암 선사 설법. 종정 하동산 설법. 이대통령 생일기도 법회 시작함.
	3월 12일	이청담·윤월하·김서운 문교부 장관 방문.
	3월 23일	대처승이 제소한 가옥 명도 신청 제판의 제4심이 서울지방법원 제1호 법정에서 열림. 대처승 측에서 권상로·박성화, 비구승 측에서 김서운·최원허·이용봉·김지효·환봉이 양측 당사자로 출두함. 임석진은 피고 당사자가 될 수 없다고 하여 비구승 측 항의가 있어 4월 15일로 재판이 연기됨.
	3월 24일	전국승려대회 준비위원회 소집 공문이 발송됨. 이효봉·하동산·윤월하·이청담·김선운·고경덕사를 불교 정화추진 최고위원장으로 지명함.
	3월 26일	이 대통령 각하 80회 탄신기도 축원에 하동산·최원허·이청담이 참석하고, 하동산·박인곡·이용봉·최원허가 경무대를 방문함.
	3월 27일	전국승려대회 준비회의 개최함.
	3월 29일	대회에서 총림 창설 준비함.
	3월 30일	조계사 대문에 '한국불교 조계종 중앙총림' 간판을 부착함.
1955년	4월 10일	조계사에서 종정 하동산 설법함.
	4월 15일	임석진 측에서 제기한 가옥 명도에 대한 제5심이 서울지방법원 제4호 법정에서 개정됨. 판사 조정을 4월 26일로 연기함.
	4월 26일	서울지방법원에서 제6회 가옥명도 재판일을 5월 10일로 연기함.
	5월 10일	가옥 명도 사건 제7회 재판이 열림. 임석진의 조계사 주지 인허 사실 유무 조회에 대한 문교부의 회답 미달로 24일로 연기됨.
	5월 11일	대처승이 시청에 들어가서 전국승려대회가 개최된다면 혈투극이 전개될 터이니 양지하라고 함.
	5월 12일	전국승려대회 소집 연기 공문을 발송함.
	5월 13일	이청담·윤월하·김대월·문정영이 문교부 문화국장에게 주지 인허건認許件을 문의하기 위해 방문함.
1955년	5월 16일	대회 소집을 중지시킨 당국에 항의하여 일시에 단식. 비구, 비구니, 신도 등 347명이 묵언 일박. 김 치안국장 조계사를 방문하여 조속한 시일 내에 단식 중지와 해결 방안 제출을 요청함.
	5월 18일	순교 단식 3일째, 이청담·윤월하·정금오·김대월·손경산이 문교부를 방문함. 치안국장이 참석 회의에서 정화 대책 방안을 토의함.

		대처승은 완전 퇴거(6월 말까지), 주지는 전부 비구승으로 교체하되 사찰 수보다 승려 수가 부족할 시 신도나 속인을 임시 위탁 경무대에서 하명함. 하동산·이효봉·최원허·정금오가 경무대를 방문했으나 면회가 불허.
	5월 20일	이효봉·이청담·윤월하·손경산·김서운 대책위원으로 선출함.
	5월 29일	부처님 오신 날을 기념하여 하동산이 설법함.
	6월 8일	대처승종회가 대처승 300여 명이 참석하여 개운사에서 개최됨. 비구승 20여 명이 방해하러 와서 김대원·김서운·이음인이 타박상을 입음.
	6월 9일	단식 돌입. 이 대통령의 유시를 말살하고 불조에게 누를 끼침.
	6월 10일	비구승(200여 명)이 조계사에서 단식하고 있을 때 새벽에 피격을 당함. 비구승 30여 명이 중경상을 입고 김지효가 할복을 시도함.
	6월 11일	단식기도 3일째, 대처승 측에서 국회에 건의문을 보냄.
	6월 16일	이승만 대통령이 환속을 각오하라는 내용의 5차 유시를 발표함. 대처승 처신에 대한 담화 방송을 함.
	6월 17일	이청담·정금오·손경산·윤월하 문교부를 방문함.
	6월 18일	이승만 대통령이 환속을 각오하라는 내용의 대처승 처분에 대한 담화를 발표함.
	6월 21일	문교부에 비구·비구니 표시와 주지 자격 표시를 명확히 기입하여 치안 당국에 제출함.
	6월 22일	총무원 독신 승 포섭과 불교 정화의 재건.
1955년	6월 23일	조계사 총무원 사무실에서 25일 대중 50여 명과 대회준비회의 준비위원 66명을 선출함.
	6월 25일	전국승려대회 준비위원회, 조계사 법당 준비위원회, 부서 준비위 결성함.
	6월 29일	이청담과 손경산이 문교부를 방문함. 대처승 측에서 안이 없으면 정부 방침대로 대회를 가질 것이며, 문교부 안은 유시대로 실천되기를 바란다는 뜻을 전달함.
	7월 1일	이청담·손경산 양사가 문교부를 방문 한 후, 29일 삼부 연석회의 결과 과거 사찰령을 참조하여 현 헌법에 위반되지 않는 정도로 대처승들을 기한 없이 퇴거시키고 비구승을 잘 교체하여 주지로 임명하는 방안을 채택하는 것이 문교부의 안이라는 언명이 있음.
1955년	7월 2일	하동산·이청담이 치안국을 방문하고, 손경산·문정영이 문교부를 방문하여 대처승들의 이혼을 강요함. 대처승 측의 대책위원회 명단 발표함.

	7월 3일	조계사에서 대한불교 서울신도회를 창립함.
	7월 4일	정금오·이청담·손경산이 문교부를 방문함.
	7월 8일	대처승 측 대책위원 중 이화응·국묵담·원보산이 조계사를 내방하여 교단 정화를 선처하는 간담회를 개최함.
	7월 9일	문교부의 통지를 받고 이효봉·이청담·최원허·정금오·손경산·윤월하·수반원·민도광·문정영이 방문하여 원로를 손경산과 윤월하로 교체할 것을 요구함.
	7월 11일	문교부 갱신위원 명단(대처승 측, 비구승 측) 제출.
	7월 13일	사찰정화대책위원회 제1차 회의가 문교부차관실에서 열림. 제1차 불교정화대책위원회가 문교부차관실에서 열림.
	7월 14일	제2차 사찰정화대책위원회를 개최함. 전국승려대회 여부 종회 및 총무원 간부 개선 문제 등을 논의함.
	7월 15일	제3차 사찰정화대책위원회를 개최함. 전국승려대회를 개최함. 종회의원 선출 안건을 표결함.
	7월 16일	제4차 사찰정화대책위원회가 무산됨.
	7월 23일	대처승 측이 문교부·내무부·법무부에 국회의 대회 소집 반대 성명 공문을 발송함.
1955년	8월 2일	전국승려대회에서 소구산이 혈서를 씀. (참석자 : 비구승 350명, 비구니 423명)
	8월 3일	전국승려대회에서 하동산이 종정으로 추대됨.
	8월 4일	이승만 대통령이 왜색 승려는 물러가라는 내용으로 불교 문제에 대해 언급함.
	8월 5일	경무대와 문교부를 방문하기로 만장일치 가결.
	8월 9일	대처승 측의 엄보산이 비구승 측에 귀순함.
	8월 11일	문교부장관이 양측 대표 10명 중 9명(대처 측 국묵담 불참), 이청담·윤월하·이효봉·최원허·정금오·김상호·박대륜·이화응·엄보산을 초청함.
	8월 12일	불교 정화대책회의 제5차 전국승려대회 개최함.
	8월 13일	불교계 분쟁 종막. 전국승려대회를 합법적으로 인정함.
	8월 28일	봉은사, 안암동 개운사를 비구승이 접수함. (봉은사 주지 : 정금오)
	9월 25일	통도사, 해인사, 범어사 3대 사찰을 비구승이 접수함. (범어사 주지 : 하동산)
	10월 15일	대한불교조계종 총무원장 임석진과 태고종단이 사수 동맹 선언서를 발표함.
	11월 8일	불교에 관한 안건(대통령이 내무부장관과 문교부장관에게 지시한

		공문)
1956년	2월 9일	사찰 수습 대책에 대한 간담회를 가짐.
	3월 22일	태고 문손 종단 대표(권상로, 이화응, 박대륜, 이운송, 전세봉, 윤종근)와 문교부장관 면담함.
	6월 15일	서울지방법원에서 지난 8월 11일 선학원 측 전국승려대회 개최 결의 무효 판결을 내림.
1956년	6월 18일	대한불교조계종 총무원장 임석진이 성명 발표함.
	6월 29일	중앙종회에서 만암 종정이 선서를 발표함.
	7월 28일	선학원 측 비구승은 조계사로, 태고 문손은 태고사로(30일부터 종무 시작)
	12월 16일	태고 문손 조계종 종정 만암이 입적함.
1957년	3월 17일	묵담을 종정으로 추대함.
	9월 17일	서울고등법원에서 비구승 측 주장이 옳다고 판결하여 태고 문손이 패소함.
	10월 20일	14회 회담 이회응·김상호·조계사측·이효봉·이청담 화동 합의안을 발표함.
1958년	1월 8일	문교부 장관실에서 불교 분규 문제 해결을 토의함. 문교부장관과 차관, 내부부장관, 특수정보과장 이재학, 국회부의장 김법린, 최갑환 의원, 이종욱 자유당 중앙위원이 등 참석하여 화동 3대 원칙을 주선함.
	8월 10일	대한불교조계종 제13회 중앙종회를 개최함.
	8월 13일	하동산이 세 번째로 대한불교조계종 종정에 추대됨.
	10월 6일	대한불교중앙총림에서 금강계단 보살계를 설함.
1958년	11월 10일	태고 문손에서 탄원서를 발송함.
	11월 24일	방콕에서 열린 제5회 세계불교도대회에 하동산·이청담·서경보 참석함.
1959년	5월 6일	총무원장을 비롯한 소원인(63명) 원고가 문교부장관을 상대로 서울고등법원에 소송을 제기함.
	9월 12일	대한불교조계종 종령 제3호 전국 24개 수사찰 제도 전환함.
1960년	1월 1일	대한불교조계종에서 대한불교신문을 창간함.
	4월 19일	혁명이 일어나 며칠 후 이승만 대통령이 하야 성명을 발표함.
	4월 30일	임석진 총무원장과 각도 종무원장이 공동 성명서를 발표함.
	5월 1일	임석진 총무원장 명의로 각도 종무원장 종단 비상사태에 대한 응급조처에 관한 건을 발표함.
	8월 19일	박대륜 대한불교조계종 총무원장 겸 태고사 주지 재직 증명원을

		신청함.
	9월 15일	김상호·하동산·이청담 양사에게 드리는 공개장 요청함.
	11월 19일	전국승려대회 개최함. 중앙청에서 동대문까지 시위함.
	11월 24일	대법원은 불교분규 관계의 소송을 고등법원에 환송한다고 판결에 불복함. 대법원 난입한 6비구 월탄(24세)·도현(21세)·성우(35세)·권진성(25세)·이도명(33세)·성각(35세) 스님이 할복으로 항거함.(333명 구속)
1961년	6월 10일	대처승 측에서 대한불교조계종 종단 재건 안과 종단 재건 실천 안을 구체적으로 제시함.
1962년	1월 13일	최고회의 박정희 의장 불교재건위원회 담화함.
	1월 20일	문교부장관의 종용에 따라 통일 종단의 설립을 위한 불교재건위원회 구성함.
	1월 22일	불교재건위원 양측(법륜사, 조계사) 대표 5인 구성.
	2월 12일	불교재건비상회의에서 양측은 8년 만에 회동, 불교재건비상 종회를 조계사 대법당에서 개최함.
	2월 28일	불교재건비상종회의를 거쳐 공포한 대한불교조계종 종헌이 무효임을 확인함.
	3월 15일	불교재건비상회의에서 임원진 양측은 각각 15명~30명, 각 5명 사회인사 5명 전체 15명으로 개편함.
	4월 1일	조계사 측의 이효봉 종정과 임석진 총무원장 당선.
	4월 6일	임원진 발표함.
	7월 28일	대한불교조계종을 문교부에 등록함. (대표자는 이효봉, 대표자 대리 임석진)
	8월 25일	불교재건비상종회에서 통합종단 대한불교조계종의 새 종회 개원식이 성립되어 조계사 대웅전에서 개최함. 50명 종회의원 중 조계사 측 32명만 참석 법륜사측은 18명 전원 불참함.
	9월 18일	통합종단 대한불교조계종에서 법륜사 측 총무원장 및 18명 전원 사퇴 발표함.
1962년	10월 4일	조계사 측의 비상종회의원 15명 및 종정 이효봉 등 16명을 상대로 종헌 무효 확인함. 이효봉 조계종 종정 불인정 확인 소송을 서울지방법원에 제기함.
	10월 21일	박대륜 총무원장이 문교부장관 앞으로 불교사태 수습 방안을 건의함.
1963년	12월 12일	국가재건최고회의 의장 박정희 명의로 사회단체등록에 관한 법률을 개정 법률로 공포함.

참고 문헌

1. 단행본

강석주·박경훈, 『불교근세백년』(민족사, 2002)

강인철, 『한국기독교회와 국가·시민사회, 1945-1960』(한국기독교역사연구소, 1996)

김광식, 『한국 근대불교사 연구』, 민족사학술총서(36)(민족사, 1996)

_____, 『한국 근대불교의 현실인식』, 민족학술총서(42)(민족사, 1998)

_____, 『진경 스님 증언, 동산 대종사와 불교 정화운동』(글로리북스, 2007)

_____, 『동산 대종사와 불교 정화운동』(금정산 범어사, 2008)

_____, 『범어사와 불교 정화운동』(부산: 영광도서, 2008)

김수자, 『이승만의 집권 초기 권력기반 연구』(경인문화사, 2005)

김순석, 『조선총독부의 불교 정책과 불교계의 대응』(고려사학회연구총서 13, 2004)

_____, 『일제시대 조선총독부의 불교 정책과 불교계의 대응』(경인문화사, 2004)

_____, 『불교근대화의 전개와 성격』, 불교사연구총서(1), 대한불교조계종 교육원, 불학연구소 편(조계종출판사, 2006)

_____, 『백년 동안 한국불교에 어떤 일이 있었을까』(운주사, 2009)

김영태, 『특강 한국불교사상』(경서원, 1997)

노태돈·노명호·한영우·권태억·서중석, 『시민을 위한 한국역사』(창작과비평사, 1997)

백상규, 『조선글 화엄경』(권12), 「저술과 번역에 대한 연기」, 龍城全集 (12-987)

이능화 역주, 『조선불교통사 2』(상편 불화시처2 조선), (동국대학교출판부, 2010)

이용원, 『제2공화국과 장면』(범우사, 1999)

이이화, 『역사 속의 한국불교』(역사비평사, 2002)

이주영, 『우남 이승만 그는 누구인가』(배재학당 총동창회, 2008)

_____, 『이승만과 그의 시대』(기파랑, 2011)

이지관, 『한국불교 계율전통』(가산불교문화연구원, 2005)

이재헌, 『이능화 근대불교학』, 솔벗한국학총서(8)(지식산업사, 2007)

_____,『미군정의 종교 정책과 불교계의 분열』(조계종출판사, 2008)

송복·오영섭·김용직·최정수·장규식·고정휴·박명림,『이승만의 정치사상과 현실
인식』(연세대학교 출판부, 2011)

조광·허동현·김기승·홍순호·高崎宗司·정대성·김녕·임기환,『장면 총리와 제2공
화국』(경인문화사, 2003)

양동안,『대한민국건국사』(건국대통령 이승만박사기념사업회 출판사업부, 1998)

원융,『간화선-선종 돈법사상의 바른 이해-』(장경각, 2005)

월산,『금오집』(동국역경원, 1974)

진관,『근대불교 정화운동사 연구』(경서원, 2009)

최종고,『우남 이승만』(청아출판사, 2011)

한보광,『용성 선사 연구』(감로당, 1981)

2. 논문

고영섭,「불교 정화의 이념과 방법, 청담 순호와 퇴옹 성철의 현실인식과 정화인식」,
『불교 정화운동의 재조명』, 대한불교조계종 교육원, 불학연구소, 조계종출판사,
2008.

光德,「龍城禪師의 새불교운동」,『새로운 정신문화의 창조와 불교』, 동국대학교
불교문화연구원, 1994.

권기종,「고려후기의 선사상 연구」, 동국대학교 대학원 박사학위 논문, 1986.

김광식,「한국현대불교와 정화운동」,『대각사상』제7집, 대각사상연구원, 2004.

_____,「1910년대 불교계의 조동종맹약과 임제종운동」,『한국근대불교사연구』,
민족사, 1996.

김순석,「조선총독부의 불교 정책과 불교계의 대응」, 고려대학교 대학원 사학과
박사학위 논문, 2001.

_____,「대한불교조계종과 한국불교태고종 성립의 과정」,『순천향대 인문과학논
총』제22집, 2008.

_____,「한국 근대불교계의 민족인식」,『불교학연구』제21호, 2008.

김충남,「국가건설의 도전과 응전: 건국과 이승만」,『민주공화국의 탄생』, 건국60주
년기념 국제학술회의 자료집, 2008.

노치준·강인철,「해방후 한국 사회의 변동과 종교」,『광복50주년기념논문집』, 광복

50주년기념사업회, 1995.

박노자, 「한국 근대민족주의와 불교」, 『불교평론』 제8권 제3·4호, 2006.

박병기, 「용성 스님과 동산 스님·불교적 사회윤리의 두 지평」, 『한국불교 천년지성사』, 제4차 가산포럼 자료집, 2003.

박승길, 「한국현대사와 정화운동」, 『교단정화운동과 조계종의 정체성』, 불교신문사, 2000.

백운, 「韓國佛教淨化運動에 있어서 東山스님과 범어사의 役割」, 『대각사상』 제7집, 2004.

서재영, 「민족불교와 불교적 보편주의」, 『불교평론』 제8권 제3·4호, 2006.

_____, 「봉암사결사에서 퇴옹 성철의 역할」, 『봉암사결사의 재조명과 역사적 의미』, 봉암사결사 60주년 기념 학술세미나 자료집, 2007.

성주현, 「1910년대 조선에서의 일본불교 포교활동과 성격」, 『일제의 식민지 지배정책과 매일신보 1910년대』, 수요역사연구회 편, 두리미디어, 2005.

안진, 「미군정기 국가기구 형성과정에 관한 연구」, 서울대학교 대학원 사학과, 석사학위 논문, 1999.

안종철, 「문명개화에서 반공으로」, 『이승만과 대한민국 건국』(연세대학교 출판부, 2010).

이병욱, 「한국 근대불교사상의 세 가지 유형-근대적 종교 상황에 대응하는 새로운 종교 활동이라는 관점에서-」, 『신종교연구』 제20집, 2009.

유승무, 「현대 한국불교 개혁운동의 흐름과 특징」, 『불교평론』, 2000, 가을호. 통권 제4호.

_____, 「정화운동의 사회적 결과-반동기와 내분기의 제도화를 중심으로-」, 『대각사상』 제7집, 2004.

_____, 「한국민족주의의 심층문화자원-한국불교 미륵신앙의 민족주의적 요소를 중심으로-」, 『한국민족주의의 종교적 기반』, 나남, 2010.

이재헌, 「불교와 대통령 이승만」, 『불교평론』 제13권 3호, 만해사상실천선양회, 2011.

정광호, 「근대 한일 불교관계사 연구-일제의 식민지 정책과 관련하여-」, 경희대학교 대학원 박사학위 논문, 1989.

한동민, 「사찰령 체제하 본산제도 연구」, 중앙대학교 대학원 사학과 한국사전공

박사학위 논문, 2005.

정도, 「경봉 선사연구」, 동국대학교 대학원 선학과 박사학위 논문, 2010.

조명제, 「근대불교의 지향과 굴절-범어사의 경우를 중심으로-」, 『불교학연구』 제13
호, 2009.

조성운, 「총론 1910년대 일제의 동화정책과 매일신보」, 『일제의 식민지 지배정책과
매일신보 1910년대』, 수요역사연구회 편, 두리미디어, 2005.

한동민, 「1910년대 선교양종 30본산연합사무소의 설립과정과 의의」, 『한국독립운동
과 종교활동』(한국민족운동사연구(25)), 한국민족운동사학회, 2000.

한보광, 「용성 스님의 중반기의 생애-대중교화기를 중심으로-」, 백용성 스님과 불교
계의 노동문제, 『대각사상』 제2집, 대각사상연구원, 1999.

_____, 「용성 스님의 후반기의 생애(1)」, 『대각사상』 제3집, 대각사상연구원, 1999.

한상길, 「朝鮮後期 寺刹契 硏究」, 동국대학교 대학원 사학과 박사학위 논문, 2000.

3. 외국서 및 번역서

가마타 시게오, 신현숙 역, 『한국불교사』(민족사, 2004)

F. A. 맨켄지, 신복룡 역주, 『대한제국의 비극』(집문당, 1999)

Chanju Mun, 2011, Purification Buddhist Movement, 1954-1970: The struggle to
restore celibacy in the Jogye Order of Korean Buddhism, Blue Pine(Honolulu,
Hawaii)

4. 신문자료

『경향신문』 1954. 11. 6.

『경향신문』 1954. 12. 15.

『경향신문』 1954. 12. 20.

『경향신문』 1958. 6. 10.

『경향신문』 1955. 8. 18.

『경향신문』 1958. 8. 30.

『동아일보』 1954. 10. 28.

『동아일보』 1954. 11. 17.

『동아일보』 1954. 11. 20.

『동아일보』 1954. 11. 25.

『동아일보』 1955. 1. 27.

『동아일보』 1955. 7. 5.

『동아일보』 1956. 6. 22.

『동아일보』 1959. 3. 26.

『동아일보』 1959. 7. 12.

『조선일보』 1954. 8. 26.

『조선일보』 1954. 11. 28.

『조선일보』 1955. 6. 26.

『조선일보』 1957. 6. 7.

『조선일보』 1959. 8. 13.

5. 자료집

『간화선』, 대한불교조계종 교육원, 불학연구소, 2008.

『금오 스님과 불교 정화운동』(1), 금오선수행연구원, 2008.

『광덕 스님 전집』(1집), 「광덕 스님의 생애와 사상」, 불광출판사, 2009.

『광덕 스님 전집』(9집), 「기고문 記文 서간문」, 불광출판사, 2009.

『광덕 스님 전집』(10집), 「논설강의 교재, 대담」, 불광출판사, 2009.

『광복과 한국현대언론의 형성』, 한국사론 44, 국사편찬위원회, 2006.

『계엄사령부 포고문』(제1호).

『동산 대종사문집』, 동산문도회, 금정산 범어사, 1998.

『단기4293년 10월』, 『이승만의 불법유시와 불교파동의 진상』, 대한불교 조계종
  총무원, 국회 자료, 국회도서관, 00135824.

『대통령 이승만 박사 담화집』, 국가기록원 대통령기록관, 공보실, 1956.

『대한불교조계종 총무원』, 『일제시대 불교 정책과 현황』(상), 조선총독부 관련자료
  집, 2001, p.122. 1912. 7. 4.(556), (8,38)

『만암문집』, 만암대종사문집간행회, 1997.

『불교소송사건참고자료집』, 제5 日帝의 侵略과 淸淨佛敎의 破壞工作, 대한불교조계
  종 중앙기록관.

『사월혁명자료집』, 『4·19의 민중사』, 학민사,

『성준화상목우록』, 성준화상문도회, 불교시대사, 1999.

『조선왕조실록 불교사자료집』(23), 동국대학교 불교문화연구원, 2003.

『조선왕조실록』, 순종 4권, 3년 8월 29일 2번째 기사.

『조계종사』(근현대편), 대한불교조계종 교육원 불학연구소, 2005.

『조선불교통사』6, (하편 이백품제3), 동국대학교 불교문화연구원, 동국대학교출판부, 2010.

『일제시대 불교 정책과 현황』(상), 조선총독부관보 불교관련자료집, 대한불교조계종 총무원, 2001.

『영축총림 통도사 근현대불교사, 구하·경봉·월하·벽안 대종사를 중심으로』(상권), 대한불교조계종 영축총림 통도사, 2010.

『용성진종조사연보』, 죽림 제230호.

『용성대종사전집』제1집.

『용성대종사전집』제3집.

『용성대종사전집』제4집.

『청담대종사전서 10』, 「정화운동과 한국불교」, 삼각산 도선사, 2010.

『청담대종사전서 11』, 「청담대종사의 생애와 사상」, 삼각산 도선사, 2010.

『태고종사-한국불교 정통종단의 역사』, 종단사간행위원회, 2006.

『한국불교근현대사 자료집』(1), 신문으로 본 한국불교근현대사(上), 선우도량, 한국불근현대사연구회, 1995.

『한국불교승단 정화사』, 한국불교승단정화사편찬위원회, 1966.

『한국불교총람』, 한국불교사연표 한국불교총람편찬위원회, 1993.

『한국의 역사』, 한국의 역사연구회, 역사비평사, 1992.

『한미수교100년사』, 국제역사학회의 한국위원회, 1982.

『韓龍雲全集』2권.

『해방20년사』, 해방20년사 편집위원회, 희망출판사, 1965.

찾아보기

238

진관眞寬

1979년 동국대학교 승가학과 수료
1987년 서울예술대학 문예창작학과 졸
1990년 광주대학교 신문방송학과(학사)
1990년 조선대학교 교육대학원(석사)
1999년 동국대학교 행정대학원(석사)
2010년 동국대학교 불교대학원 박사과정 수료
2012년 중앙승가대학교 대학원 불교학과 실천불교학 문학박사

주요 학술 저서로『고구려시대의 불교수용사 연구』,『한국불교 정화운동 연구』(공저),『근대불교 정화운동사 연구』,『태고 보우 임제종 연구』(공저),『불교의 생명관』,『고려전기 불교사 연구』(공저),『청담대종사 실천사상 연구』등이 있으며, 이외에『부처님이시여, 우리 부처님이시여』(수필),『염화미소』(희곡),『스님 사랑해요』(동화),『떠나가는 배』(시집) 등 다수의 저서가 있다.

동산의 불교계 정화운동 연구

초판 1쇄 인쇄 2014년 4월 3일 | 초판 1쇄 발행 2014년 4월 10일
지은이 진관 | 펴낸이 김시열
펴낸곳 도서출판 운주사

(136-034) 서울시 성북구 동소문로 67-1 성심빌딩 3층
전화 (02) 926-8361 | 팩스 0505-115-8361
ISBN 978-89-5746-374-1 93220 값 15,000원
http://cafe.daum.net/unjubooks 〈다음카페: 도서출판 운주사〉